Querida amiga
        Ema,

Muchas gracias por
atender mi presentación
y por sus comentarios.

        Con Respeto...

        Joaquin Barreto
            4/5/18

El Otro Lado

La Historia de un Inmigrante

Por Joaquín Barreto

. . . prejudiced views demonstrate a deep ignorance about Mexican immigrants in the United States.

...observando a emigrantes de una forma racista, demuestra una gran ignorancia sobre los inmigrantes de los Estados Unidos.

– Jorge Ramos

No tengo que asimilarme a nada. Tengo mi propia historia.

Reconócete en él y ella que no son como tú y yo.
Recognize yourself in he and she who are not like you and me – Carlos Fuentes

Cruzando la Frontera

El *coyote* dice que siga corriendo sin importar lo que veamos. Un joven con voz chillona, parece aventurero y lleno de valor. Él está a cargo; parece tener alrededor de dieciséis o diecisiete años, un año o dos más joven que yo. Su actitud le da al grupo una sensación de confianza mientras esperamos para cruzar la frontera ilegalmente. Estamos sentados justo al lado de una barda alta de metal en Tijuana, México. Curioso veo a través de los pequeños agujeros en la barda oxidada que me separan de mi sueño – cruzar hasta el *otro lado,* los Estados Unidos americanos. Puedo ver las camionetas Bronco verdes y blancas patrullando de vez en cuando, con sus motores resonando fuertemente a través de las colinas. Estas parecen amenazantes como advirtiendo que ni siquiera pensemos en cruzar. Noto que mis piernas tiemblan nerviosamente. La gente camina alrededor vendiendo sándwiches y tamales.

"¡Para que se vean invisibles por la noche!", afirma uno de los vendedores, vendiendo ropa con nombres de marca americana.

Nosotros nos sentamos en la línea esperando pacientemente. He esperado durante años.

ʊ

Solamente mi padre y mi mejor amigo Carlos, -- mi hermano en la música—vinieron a decirme adiós en la estación de camiones en Guadalajara. Mi madre prefirió quedarse en casa y mi padre decidió no traer a mis hermanitos. Yo lucho por contener mis lágrimas.

En el camión a Tijuana tengo suficiente tiempo para reflexionar sobre el estar listo y hacer lo que se necesite para llegar hasta California. Es mi primera vez fuera del estado de Jalisco.

Me sorprendo cuando unos soldados detienen el camión en Los Mochis, Sinaloa. Ellos nos ordenan bajarnos del camión y prepararnos para mostrar una identificación. La única identificación que traigo es la de mi secundaria y esto me pone algo nervioso. Puedo escuchar a otro pasajero decir que están buscando a gente de América del Sur, cruzando por México hasta los Estados Unidos. Los soldados preguntan cosas algo tontas y solo esperan escuchar acentos extranjeros. Cuando estamos de regreso dentro del camión, repaso mentalmente las instrucciones de mi primo Roberto de esperarlo en la estación camionera de Tijuana. Él se está arriesgando a pasarme hasta el otro lado, me llevará con un contrabandista humano ahí en Tijuana, el famoso coyote.

Llego a Tijuana una noche antes de lo anticipado, justo a las 11:00 pm. Los puestos de comida están cerrados y tengo hambre. Tengo miedo de caminar afuera de todas estas puertas de cristal. Se ve muy oscuro

2

afuera. Autos de taxi y mucha gente van y vienen aceleradamente. Dentro de la estación también el río de gente parece no parar. Un hombre mayor habla conmigo, ofreciéndome cruzarme hacia *"el norte"* y hasta me da el precio. Me siento nervioso. Por años mi madre se la pasaba diciéndome que no hablara con extraños. ¿Cómo ellos saben a lo que vengo aquí? Noto que la gente a mi alrededor se recuesta en el piso, uso mi mochila como almohada y también me recuesto en el piso blanco brillante de la *Central Camionera de Tijuana*.

Nerviosamente veo por los pasillos buscando a mi primo, aunque nuestro plan decía claramente que llegaría hasta el día siguiente. Como a la 1:00 am, el gentío comienza a disminuir, y a esta hora ya somos muchos recostados en el piso con mochilas como almohadas, recargados en las paredes, alejados del centro donde camina la gente.

Mi cuello está cansado de seguir volteando hacia la entrada de la central toda la noche. El sol de nuevo comienza a asomarse poco a poco y esto como magia hace que regrese la multitud de gente. Mi corazón se acelera varias veces cuando creo ver a mi primo Roberto, pero no es él. Todo se ve tan borroso, ayudaría mucho si usara los lentes que mi papá me compró. Pienso que con lentes me veo aún más cachetón y los niños de la escuela siempre se burlaron tanto de los niños que usaban lentes, le dije a mi papá que los perdí. Entrecierro mis ojos buscando entre familias y muchos jóvenes que se ven como yo, nerviosos y con solo una mochila en sus espaldas. Ya son casi la 11:00 am.

"¡Qué pasó, cabrón!" Roberto me grita desde la entrada de la estación de camiones.

3

"¡Hola, primo!" Trato de actuar muy tranquilo, mientras se me sale un gran suspiro de alivio.

"¡Vámonos!" El coyote está esperando.

Nosotros nos vamos en su coche y él me deja frente a una casa cerca de la línea fronteriza.

"¡Gracias primo!"

"¡Buena suerte, nos vemos!" Buena suerte en tu trayecto. Él me tranquiliza y me asegura que mé verá en California.

Camino adentro de la casa y miro a otros esperando ahí. Yo esperaba que el coyote estuviera vestido con una ropa más buena, más "gabacha," al menos unos buenos zapatos. Pero él tiene el mismo aspecto que el resto de nosotros los inmigrantes.

"Si nos arrestan," él nos dice, "y si les preguntan quién los trae, no les digan nada." Se lo tuvimos que prometer.

Y de esta casa salimos, a pie, hasta la línea fronteriza, donde esperamos.

Ʊ

A medida que empieza a oscurecer, la caída del sol nos da la señal que estamos esperando, el momento de sumergirse en las colinas oscuras en el otro lado de la línea fronteriza, el Sueño Americano.

"Sígueme y no te detengas," ordena el joven coyote.

Él nos advierte sobre los posibles ladrones y otros peligros que podemos encontrar corriendo en las colinas que separan Tijuana de San Ysidro, California.

Rápidamente descubro lo que quiere decir. Mientras cruzamos los caminos de tierra y saltando cercas, corro nerviosamente, con el corazón latiendo fuerte, y noto una madre con un bebé en sus brazos y un niño corriendo a su lado. Puedo ver al niñito agarrar desesperadamente la mano de su madre.

"¡Padre nuestro que estás en el Cielo!" la mujer reza. Ella reza mientras corre - su hijo colgando de su mano como un pequeño cometa, de vez en cuando haciendo contacto con el suelo en sus pequeños tenis.

El joven coyote nos recuerda no parar por nada, "para nada", no lo repite. Si yo me siento nervioso y asustado, ya me imagino cómo este niño se siente al ver a su madre corriendo, rezando y llorando mientras desaparecen en la oscuridad con un grupo diferente. Puedo oír las camionetas acelerando sus motores acercándose a nosotros, y a veces "el mosquito" – helicóptero--volando cerca, haciendo que la noche se convierta en día con la gran luz en su parte inferior.

Yo siento que muchas cosas podrían salir mal y ahora estoy realmente asustado por mi vida. Mientras nosotros corremos por un ancho camino de tierra me doy cuenta de que la gente pone enormes rocas en medio de la carretera. Me uno a ellos y traigo algunas rocas grandes, esperando que esto disminuya la velocidad de las camionetas de inmigración.

5

Crecer en una ciudad como Guadalajara en los años 70 tiene ciertas ventajas. La gente parece mostrarse siempre agradable y cortés. Las personas que conducen no utilizan sus bocinas de coche impulsivamente - de hecho, no hay ni siquiera muchos carros. La ciudad no parece lo suficientemente grande como para requerir andar de prisa y malhumorado en medio de las enormes multitudes, como se ve en la televisión en la Ciudad de México. Aquí la gente sonríe y saluda a medida que pasa con confianza en sus corazones. Me encanta crecer en esta ciudad.

Mis años de adolescencia están llenos de energía, y luego me vuelvo inquieto. Las armas de consumo masivo invaden nuestra vida cotidiana. Estamos presionados a ser como nuestros vecinos en los Estados Unidos. Presionado para ser aceptado, como parte del grupo popular, siendo "Buena onda." En mi escuela secundaria, algunos niños populares poseen un par o dos de pantalones vaqueros Levis o Vans o Tenis Converse "All Stars" para que combine bien con tu pantalón de mezclilla. Es muy costoso llevar esta ropa popular. Sé que yo no puedo pagarlo, aunque trabaje mientras voy a la escuela secundaria. El tipo de relaciones que nosotros vemos en la televisión entre hombres y mujeres jóvenes parece diferente pero emocionante, prohibido según nuestra iglesia católica. En la televisión estadounidense, las mujeres son perseguidas sexualmente antes del matrimonio. La "educación" que recibo de este país vecino es muy atractiva para mí como joven. Hoy anhelo tener dinero, sexo sin matrimonio, un buen trabajo, una casa, una gran casa, un coche o dos. He estado listo por mucho tiempo. A menudo me veo en sueños conduciendo en las autopistas de Los Ángeles. Todo lo que tengo que hacer es llegar a "El otro lado."

Mi padre quiere que yo termine el servicio militar mexicano. El obtener la "cartilla militar" ayuda como tu primera identificación oficial y a comenzar a agarrar crédito y para abrir cuentas de banco. Cuando cumplí los dieciocho, me reúno con miles de jóvenes en el centro de Guadalajara para ser reclutados.

Cerca de una docena de militares de alto rango se sientan en un podio alto mostrando sus elegantes uniformes. El sistema de sonido toca el himno nacional mientras todos permanecemos callados y vemos la bandera alzarse en el centro de la plaza. Después de esta ceremonia comienza el sorteo. Los militares sacan bolas de una tómbola, tipo canasta de metal donde hay muchas pelotitas blancas y negras. Uno por uno, esperamos a escuchar nuestro destino, al menos por los próximos doce meses. Si a mí me toca bola blanca seré reclutado, bola negra significa que voy a casa y espero un año para liberar mi cartilla militar.

"Joaquín Barreto Vargas, Bola Negra."

¡Un gran suspiro! Una bolita negra en lugar de la blanca me ayuda hoy a lograr mi sueño de viajar a los Estados Unidos.

ʊ

La noche es muy oscura, perfecta para cruzar la frontera. Nosotros seguimos de cerca al joven coyote. Al acercarnos a lo que parece ser un canal de aguas sucias, noto que el agua tiene un hedor particular. Es de noche, todo lo que podemos ver es hierba alta cerca de la altura de la cintura. De repente, de estos arbustos, unos inmensos oficiales de inmigración salen y corren hacia nosotros. El coyote salta a las aguas sucias y grita que saltemos antes de que los oficiales se acerquen. Cuando el coyote salta delante de nosotros todos lo seguimos como nadadores sincronizados en los juegos Olímpicos.

Como si previamente hubiese sido planeado el coyote comienza a cantar una canción burlándose de los oficiales y haciendo que ellos se molesten.

"Vengan y agárrenme cabrones."

"No se preocupen por ellos, ellos no van a ensuciar sus lindos uniformes con esta agua" nos dice a nosotros.

"Manténganse tras de mí, caminando o resbalando o gateando, pero no se detengan, síganme."

A este punto mi corazón casi sale de mi pecho. Pienso en esa mujer que noté un poco antes y en sus hijos. ¿Saltaría esta madre a estas aguas fangosas con un bebé y un niño pequeño? Pienso en esas películas que vi cuando era un niño donde la gente se quedó atrapada en arenas movedizas y no podía salir, ahogándose. Mi padre me dijo que las arenas movedizas sólo se veían en la televisión y no eran reales. Mis padres también me enseñaron a seguir las reglas, ser una persona de respeto, el ser honesto, nunca entrar en la casa de un vecino sin

8

permiso. Pero hoy aquí estoy, entrando ilegalmente en mi país vecino. No puedo evitar sentir algún tipo de vergüenza, deshonra y miedo. Inclino mi rostro cerca del agua fangosa y comienzo a gatear.

Al entrar en el canal nos dimos cuenta de que nosotros nos sumergimos rápidamente si no nos caemos pecho a tierra. Uno de los hombres en realidad se hundió muy profundo y empezó a llorar mientras nosotros seguimos arrastrandonos "con el pecho en tierra" y sus botas de vaquero quedaron atascadas en el lodo.

"No te preocupes por las malditas botas" le grita el joven coyote.

Luis, el tipo con las botas dice que lleva todo su dinero dentro de esas botas. Está en camino a la boda de su hermano en Chicago. Él intenta alcanzar su dinero, sumergiendo sus manos tratando de sacar sus zapatos ahora llenos de agua. Las botas se atascan allí plantadas a tres pies de profundidad en el lodo. Luis trabaja como un repartidor en bicicleta en Guadalajara. Antes de cruzar la barda, el me ofreció un trabajo si quería quedarme en México. Parecía un trabajo divertido montar en una bicicleta alrededor de la ciudad de mensajero para los bancos. Pero en mi mente, tengo un objetivo diferente, comenzar una vida nueva y mejor para mí, y ser capaz de enviar dinero de California a mis padres y mis hermanitos.

Siendo el mayor, me convierto en el confidente de mi madre. Creo que ella se siente segura diciéndome algunas de las cosas que hace mi padre. Esto creó cierto resentimiento en mi corazón hacia mi papá. Aprendo a odiar su manera de beber y el de ser mujeriego. Mi padre es un joven guapo y delgado. Él comenzó teniendo familia en una edad muy joven. Este atractivo es una especie de maldición para todos nosotros en su familia. Muchas veces, mi madre escucha a la gente hablando de que vieron a mi papá con otra mujer alrededor de lugares en Guadalajara. A pesar de ser una gran ciudad, es difícil ocultar las cosas por mucho tiempo.

Lo mujeriego y lo borracho de mi papá le rompieron el corazón y su alma de mi madre. Mi madre poco a poco cambió su forma de vestirse y llegó a un punto que incluso dejó de cuidar de su apariencia.

Indirectamente el comportamiento de mi padre y el papel de mi madre como víctima tienen un cierto efecto en mí. Nuestro futuro parece incierto con cada pelea y fuerte discusión, sin saber si mis padres se mantendrán juntos durante mucho más tiempo ya que cada discusión se siente como la última. Estos eventos me traen mucha inseguridad y estoy seguro de que a mis hermanos y hermanas también. Comienzo a experimentar mucha tensión nerviosa y depresión, aunque nunca he sido tratado o diagnosticado con ello. Lo siento en mi corazón. Esto afecta mi autoestima y de cómo me llevo con otros en las calles.

Durante este tiempo, tengo unos ocho años y descubro que la música de alguna manera afecta mis emociones. Conectar emocionalmente con la música y el aprender a tocar la guitarra, es como un puente hacia algo nuevo y hermoso que nunca había experimentado. La música se siente como un escudo que me protege. Me hace sentir mejor.

Me hago de un nuevo amigo llamado Carlos que toca la guitarra y él tiene diez años y le gusta una banda americana llamada "KISS." Cuatro tipos locos que usan maquillaje. Él tiene una cinta llamada "Love Gun" y escuchamos esta música como si fuera algo prohibido. Una vez mi papá me dijo que los Beatles alababan a el diablo con sus canciones. Carlos quiere que me una a la banda que está reuniendo con sus primos Bernardo y Memo.

ʊ

Arrastrándome por el sucio lodo, cruzo la línea hacia San Ysidro, estoy asustado, nervioso y avergonzado. Mientras nos arrastramos los oficiales de inmigración están gritando.

"¡Salgan del agua ahora!"

El coyote sigue burlándose de ellos y cantando en voz alta una canción de *Vicente Fernández*, la canción popular que habla de cruzar ilegalmente la frontera y nunca ser atrapado:

"*¡Crucé el Río Grande nadando, sin importarme dos reales!*"

Nosotros tenemos un coyote comediante.

"¡Vengan y agárrenme cabrones!" El sigue gritando y cantando.

11

Este joven coyote debe ser algún tipo de psicólogo. El burlarse de los agentes y su canto es tan divertido que nos ayuda a sentirnos menos nerviosos durante este desesperante episodio.

Soy capaz de entender algunos de los gritos y las órdenes de los oficiales, porque he estudiado inglés en una escuela privada en "La Plaza Tapatía." Estaba en condiciones de pagar las clases después de haber terminado la escuela secundaria. Había estado trabajando como carpintero en mi *barrio* desde la edad de los 12 años. Mi padre deseaba que yo estudiara para ser mecánico electricista como él, debido a que paga un buen sueldo. Pero desde muy temprano en mi vida, yo sabía que iba a necesitar hablar el idioma de mi futuro hogar en California.

ʊ

Yo soy el primer hijo. Mi madre nunca me da permiso para salir. Nunca puedo estar tan lejos de la casa sin dejarle saber a ella a dónde voy y a qué horas regreso. Nunca está bien ir a las piscinas con mis amigos sin mi papá porque "podría ahogarme." Nunca puedo cruzar la avenida - Presa Laurel - por mí mismo porque "yo podría ser atropellado por un coche." Mi madre no confía en cualquiera de mis amigos lo suficiente como para dejarme salir y estar lejos de la casa durante largos períodos de tiempo. Mis amigos creen que soy algo mimado.

Como el primer hijo, mis padres quieren que pase tiempo con mis abuelos, así que yo visito el rancho donde viven. Por alguna razón cada vez que voy a este lugar mi madre nunca se siente ansiosa o preocupada. Ella me dejaría allí durante las vacaciones de verano si quiero. Este pequeño rancho llamado Apulco Jalisco es como un enorme parque infantil, un refugio seguro. Durante los veranos, visito este lugar donde crecieron mis padres, a cuatro horas de Guadalajara. La población debe estar alrededor de las doscientas personas y puedo estar dando un censo optimista. Es una pequeña comunidad, pero ahí vive mi querida abuelita, mi Mamá Yaya. Ella rápidamente hace de Apulco mi lugar favorito con su voz suave, su humilde casa con tejas y piso de tierra. Ella hace tortillas frescas en su cocina rústica y con una estufa de leña. Parece que Mamá Yaya me compraría galletas, caramelos o cualquier cantidad de refrescos que yo quiera. Ella me compró mi primera resortera.

Mis padres se trasladaron a Guadalajara de Apulco en diciembre de 1969 después de que se escaparon juntos en la bicicleta de mi papá. Ellos se casaron una semana más tarde. Muchos de los viejos vecinos de mi padre y familia en Apulco se mudaron a Guadalajara o a los Estados Unidos en Los Ángeles California. Pero mi primo Florentino todavía vive aquí en este pequeño rancho, le llamamos Tino. Tino me muestra la única cosa que tengo que traer al rancho es la sal y tal vez algún chile en polvo para mezclarlo con los mangos.

Muy rápido me encanta el pasar tiempo en este pequeño rancho. Aquí mi abuelo materno, Jesús-- llamado *El Gordo* porque es un hombre grande – se

13

encarga de una gran granja de frutas que está en las afueras del Rancho, justo al lado del río. Aprendo cómo son los árboles de papaya, los limoneros, *los guamúchiles*, así como las tunas y las pitayas – ambas frutas derivadas del cactus – y a veces incluso hasta sandía jugosa. Mis favoritos son los cinco árboles de mangos gigantescos. Para algunas personas, puede parecer extraño tener la necesidad de ponerle sal, limón y a veces chile a la fruta, sobre todo los mangos, pero cuando creces en México tu alma se vuelve adicta a esta combinación: Fruta con jugo de limón, sal, chile en polvo y mucho sudor.

Un día, mientras paso tiempo con mi primo Tino y mi hermano Chuy, nosotros vamos a visitar la granja, el abuelo El Gordo no está ahí. Tino está emocionado de mostrarnos la cosecha de este año en particular, las sandías. Nosotros caminamos hacia la granja para ver las enormes y deliciosas sandías de color verde oscuro. Algunos de ellas necesitan ser llevadas entre dos de nosotros. El clima caliente hace que la fruta sea muy dulce. Bueno, esta parte de Jalisco en el verano tiene el clima más húmedo, lo que hace que la fruta sea extremadamente deliciosa.

"Esta sandía está buena para comérsela riquísima," dice el primo Tino. Es divertidísimo la forma en que él corta la sandía y casi desesperadamente la toma del corazón y rápidamente la devora.

"Esta es la parte más dulce – puedes probarla."

Lo hago, y me siento en el cielo.

Nosotros sólo comemos el corazón y nos vamos a la siguiente sandía más grande tendida en el suelo con sus hermosas líneas verdes combinadas con algún tipo de

14

blanco amarillento. Podemos escuchar el río correr y los pájaros cantando canciones felices. Los pájaros carpinteros trabajando picoteando en la parte superior de los árboles enormes de mezquite. Alrededor del mediodía también podemos oler la leña en las cocinas cocinando el almuerzo. Mi hermano Chuy y yo nos sentamos allí, bajo la sombra de los árboles de mango mientras esperamos que Tino elija la siguiente sandía. Ya para la número siete puedo ver muchos pedazos de sandía dejadas a nuestro alrededor. Muy buenas sandías limpias tiradas en el suelo húmedo para echarse a perder. Creo que Tino está tratando de impresionar a sus primos nuevos de la ciudad.

"Bueno, el corazón es la parte más dulce." Yo continúo comiendo ignorando todo el desperdicio.

Nosotros somos jóvenes y nos sentimos invencibles. Como mi hermano y yo sólo venimos al rancho de mi abuelo en el verano, nos sentimos especiales, como si no hay manera de que podamos meternos en problemas. Mi hermano por lo general regresa a Guadalajara con el resto de mi familia después del primer fin de semana en el rancho.

El abuelo al día siguiente está furioso de que desperdiciamos tantas sandías. Me hace sentir muy mal. Él no es un hombre rico y tiene que trabajar muy duro por todo lo que tiene.

ʊ

Nosotros todavía estamos arrastrandonos en el lodo y, finalmente, de la misma forma que vinieron - muy

15

tranquilamente, los *migras* se alejaron. Nosotros damos un paso fuera del agua y continuamos caminando siguiendo nuestro líder a lo largo del canal de agua.

"Si ellos regresan, volvemos a saltar al agua," nos dice el coyote.

En algún momento el mosquito comienza a acercarse más y más hasta que se detiene justo encima de nosotros, bañándonos con su luz brillante y haciendo el ruido más fuerte, TOC-TOC-TOC TOC-TOC. Nunca he estado tan cerca de un helicóptero. Con lo brillante de la luz, el polvo se levanta de la tierra.

Al mismo tiempo, los oficiales regresan corriendo hacia nosotros. No me atrevo a mirar a sus caras ya que siento que haría mi cruce aún más irrespetuoso. Me enseñaron a no mirar nunca las figuras de autoridad directamente en la cara. Mientras miro hacia abajo puedo ver sus botas y uniformes verdes, me doy cuenta de que tienen armas también. Estoy de vuelta en el lodo. Cuando miro hacia adelante y veo a nuestro grupo gateando, me imagino que estoy en una zona de guerra, de "pecho en tierra." Justo como lo veía en uno de mis programas favoritos de televisión estadounidense llamado *Combat!* Historias de soldados en la Segunda Guerra Mundial que luchan contra los alemanes, traducido al español y televisado en Guadalajara. Mi mamá hace tortas de frijoles y café mientras miramos este programa de guerra los viernes por la noche antes de ir a la cama. En algunos capítulos los soldados se mueven con su "pecho sobre la tierra." Ellos se mueven rápidamente lanzando sus codos frente a sus cuerpos sosteniendo sus rifles. De niño, practico este movimiento muchas veces con mi hermano Chuy, sosteniendo un pedazo de madera como un rifle.

Mi adrenalina me llena de sudor caliente y frío. El polvo levantado por el helicóptero golpea mi cara bruscamente. Los oficiales están tan cerca, pero parecen estar tan lejos. La voz a través de los altavoces en el helicóptero no es algo que entiendo. Los oficiales siguen gritando pidiéndonos que salgamos del agua. Mi mente se concentra en no perder de vista a nuestro guía, siempre sufrí de miopía y es una tarea difícil sin mis anteojos, pero su canto y burla de los oficiales con esa voz chillona me ayuda a permanecer detrás de él. Trato de ser el mejor soldado que hay. Cuando se dan cuenta de que no saldremos del agua y seguiremos gateando, el helicóptero se va, igualmente así los oficiales. De pronto, todo se vuelve muy oscuro y muy silencioso.

Siguiendo el canal, finalmente llegamos a algún lago en San Ysidro. Allí vemos gente que se quita la ropa para cruzar el lago. Nosotros seguimos caminando ya que ya estamos mojados.

"¡Yo no sé nadar!" Una persona de nuestro grupo grita mientras el agua nos llega a la cintura.

"No te preocupes, yo te ayudo" Le digo calmadamente mientras me le acerco.

"Nosotros te ayudamos también" De pronto somos tres personas alrededor del joven asustado.

"¡Querías norte hermano!" Alguien dice mientras todos nos reímos.

El agua nunca pasa de nuestros pechos. Después de cruzar este lago caminando entramos en un hermoso barrio con bonitas casas. Ahora son alrededor de la 1:00 am. Todos estamos hipnotizados por las hermosas casas y los jardines limpios.

17

El joven coyote nos ordena que corramos. Mientras nosotros corremos no podemos evitar el hacer mucho ruido. Nadie está afuera en este bonito barrio, pero el agua en nuestros zapatos salpica fuerte, y los perros en las casas ladrando y corriendo hacia las cercas, no hacen nuestra entrada en los Estados Unidos muy discreta. Ahora soy un delincuente, un criminal, rompiendo muchas reglas. Algunos de los que cruzan están tan fuera de condición física que comienzan a toser quejándose de que estamos corriendo demasiado rápido. El coyote nos lleva a una casa sin muebles donde esperamos a más gente que va a Los Ángeles. En cualquier momento, siento que la policía o la migración nos encontrarán - alguien podría haber llamado a la policía.

Una vez en la casa, el coyote nos dice que nos quedemos callados y mantengamos todas las ventanas cerradas. Ahora son alrededor de las 3:00 am. Algunos de nosotros nos quitamos la mayor parte de nuestra ropa, la lavamos quitándole el lodo y la colgamos en el baño. Se nos permite usar una manta para cuatro personas. Ahora estoy bajo una manta con otros tres hombres y nerviosamente comenzamos a hacer bromas homofóbicas y tratamos de tranquilizar nuestro nerviosismo, tranquilizando a todos los demás hombres del grupo asegurándonos que todos somos muy "hombres." Nos tumbamos en el suelo cansados y nos dormimos rápidamente. En este momento sólo unos doce hombres están dentro de la casa.

Cuando me despierto, me doy cuenta de que muchas personas se dispersan por toda la casa, todas sentadas en el suelo con las rodillas cerca de sus caras para permitir que otra línea de gente se siente en el frente. Ahora

18

también tenemos mujeres y algunos niños. La casa ya está muy transpirada y muy caliente. De hecho, es el calor lo que me despertó ya que todo el mundo está ordenado a estar en silencio, ya que podríamos hacernos sospechosos para los vecinos. El techo está goteando sudor mientras las personas todas amontonadas como una caja llena de cigarrillos. Se ven asustados y confundidos, sobre qué hacer con el calor extremo mientras esperamos el transporte a Los Ángeles. Mi ropa todavía está mojada y colgada en el baño. Soy demasiado tímido como para pedirle a alguien que me recoja la ropa mientras me recuesto en medio cubierto con una sábana y en solo mi ropa interior.

ʊ

En Apulco, a veces cuando nos metemos en problemas y mi *abuelo* El Gordo nos dice que nos mantengamos alejados de la granja de frutas en el rancho, esas veces jugamos en el río. Nosotros jugamos mucho en el río. Pasamos horas en este lugar donde dos pequeños arroyos se encuentran y forman una Y que va hacia Tonaya la ciudad más cercana a Apulco. El agua es un poco más profunda allí. Ahora tengo diez años de edad. El agua llega hasta nuestro pecho.

Un día, Tino, Chuy y yo estamos aburridos con nuestros juegos habituales - sumergidos en el agua clara, agarrando pequeñas rocas, mirándonos el uno al otro y golpeando las dos rocas duras para tratar de lastimar los oídos del otro. Nos retorcemos y nos reímos dando

19

vueltas bajo el agua fingiendo que este ruido es tan fuerte. Es realmente divertido ver a cada uno dar vueltas bajo el agua con nuestro cabello hacia arriba y nuestros ojos bizcos tratando de mantenernos enfocados. Nos chocamos las palmas de las manos bajo el agua.

Nosotros decidimos hoy que vamos a intentar algo nuevo y emocionante, algo que nunca olvidaremos. Justo en esta intersección de Y, nosotros podemos ver el nuevo-puente. Es enorme, construido para reemplazar el más pequeño que ha estado en Apulco por muchos años. La gente en esta pequeña población sigue usando el viejo puente como un anciano usualmente usa sus viejos *huaraches* y se niega a usar los nuevos. Nosotros podemos ver ambos puentes desde nuestro lugar de natación. El viejo puente tiene historias de *cristeros* llegando hacia el rancho o huyendo de los *rurales*. El nuevo puente es cuatro veces más grande, con dos impresionantes columnas muy altas de concreto brillante. En este nuevo puente, cada diez a quince minutos, los autobuses pasan rápidamente, cruzando hacia Tonaya, que está a unos veinte minutos de Apulco.

El plan: Darle a la gente que cruza el nuevo puente el susto de su vida, una escena horrible. Justo a la vista del puente gigante, pasando por Apulco Jalisco, los pasajeros van a descubrir tres cuerpos de niños flotando en el río, ahogados. Una vez que el autobús se detenga en medio del puente y la gente se baje del autobús pidiendo ayuda, nosotros vamos a correr y escondernos. Estamos de acuerdo en que este es un plan perfecto. Por lo tanto, pretendemos flotar, e incluso hacer caras de personas muertas, para convencer a la gente en los autobuses. Cuando los primeros diez intentos no dan ningún resultado, nosotros decidimos hacer nuestra truco un poco más colorido y notable quitándonos los *calzones* y exhibiendo las nalgas desnudas como un gesto desafiante para las pobres personas que pasan. Nosotros estamos flotando ahí desnudos, haciendo la cara de muerto frente al río por el puente alto. No podemos dejar de reír cada que un coche pasa y esto hace muy difícil mantener nuestros rostros de muchacho muerto. Nos damos cuenta que a la gente realmente no le importan los niños pequeños, ahogándose en un pueblo tan pequeño, aunque estén desnudos. Nadie se detiene para salvarnos.

ʊ

Cansados, hambrientos y deshidratados en la casa caliente, finalmente escuchamos que un vehículo se estaciona en el camino de entrada para los carros que se encuentra a la derecha de la casa. Una camioneta van blanca se estaciona justo al lado de la ventana en la última habitación.

"¡Vámonos cabrones, ya es hora!"

Yo salto en mi ropa interior, corro al baño y me pongo el resto de mi ropa. El nuevo coyote grita órdenes de saltar por la ventana y entrar en la van. Algunos se alejan, diciendo que esperarán al próximo vehículo, hay muchos de nosotros. El conductor, esta vez un tipo mayor y más serio se ríe en voz alta mientras se rasca su barba diciendo que vamos a ir todos en esta van. No hay otro auto que venga. Las cuarenta y cinco personas nos vemos obligadas a entrar en esta van. Un tejido oscuro

21

como una red es aventada encima de todos nosotros. Puedo ver hacia fuera a través de la tela oscura. Ya no veo al coyote más joven y divertido. Su trabajo está hecho.

ʊ

La casa de mi primo Tino en Apulco está construida rodeada de grandes rocas que forman montañas perfectas para jugar a indios y vaqueros. Tino tiene pequeñas figuras de plástico con las que jugamos, usando piedras pequeñas como balas y tirándolas mientras los vaqueros y los indios se esconden en estas hermosas montañas. Nosotros hacemos que las figuras caigan en cámara lenta después de que se disparan como en la televisión. Nosotros hemos crecido viendo por televisión al General Custer peleando con los indios en las montañas de Montana y convertirse en un héroe. Las luchas brutales suelen mostrar hermosas montañas rojas en medio del desierto. Cuando nosotros jugamos, nadie quiere ser los indios, ya que siempre son los malos. Aunque la mayoría de nosotros los chicos se parecen a esos indios en la televisión, todos queremos estar del lado del General Custer.

Algunos días Tino trabaja en Apulco. Su papá murió recientemente y su familia vive justo al otro lado de mis abuelos maternos, El Gordo y mi Nina Juana. Mi pobre primo miró a su padre morir enfrente de él, sentado en una mesa, su cara descansando sobre sus brazos. Se me hace algo muy triste el solo imaginar. Quiero mucho a mis primos. Tino tiene dos hermanos y tres hermanas.

Ellos perdieron a su padre debido al alcohol. Esto me asusta ya que mi padre también tiene sus etapas cuando toma demasiado. Deja de ser esa persona tranquila y amorosa, y se convierte en un hombre abusivo hacia mi madre, aunque nunca ha llegado a los golpes. Los días que Tino trabaja la mayoría de los niños también van a trabajar sembrando el maíz ya que es la temporada para empezar a trabajar en el cultivo. Los niños en Guadalajara disfrutan de los descansos de verano pasando la mayor parte del tiempo jugando en la calle. Para los niños en Apulco, el verano sólo significa que la temporada de trabajo está comenzando. Sin embargo, realmente a ellos no les parece importar. Me pregunto si me iré a trabajar algún día. El día de hoy, Tino está trabajando y otros niños en el rancho están haciéndose *"la pinta"* y un plan para ir a cazar lejos en las montañas. Nicolás, nosotros lo llamamos "El Cuate" (el gemelo), él dice que se sentía enfermo más temprano, y fue excusado de ir a trabajar, mientras que su hermano gemelo Martín se fue a trabajar. Tomas "La Gualacha" (la vieja sandalia), un niño moreno, alto y flaco que parece muy duro y muy amenazador hasta que empieza a hablar, tiene una voz muy delgada y dice la palabra *"vale"* en casi todas las frases. En muchas comunidades rurales de Jalisco usan la palabra *"vale"* como para decir "amigo." Estos chicos tienen la misma edad que Tino, un poco mayor que yo, pero no son mis primos. Para ellos soy el chico que viene de Guadalajara en el receso de la escuela que se burlan de mi ropa y zapatos limpios cuando llego por primera vez. Ahora se sientan en la plaza, bebiendo refrescos con *pan* o galletas, pensando en qué dirección van a caminar río arriba o río abajo.

23

Escucho con curiosidad y pregunto si puedo unirme a ellos. Es temprano en el día. Nosotros nos aseguramos de que nuestras resorteras estén funcionando bien y comenzamos a caminar río arriba. El lugar me es familiar porque cuando mi padre me visita desde Guadalajara solemos subir o bajar el río en nuestros viajes de caza de iguanas. Mi padre me enseñó recientemente a saltar de una roca a otra y estoy ansioso por mostrarle a los demás mis nuevas habilidades en el primer cruce. Yo no tengo miedo de escalar porque también practique en mis viajes con mi papá. Después de aproximadamente una hora de caminata, cruzando el río de izquierda a derecha, subiendo, siguiendo sendas estrechas cerca de las montañas a veces oscuras debido a todos *los huizaches altos, los encinos, el guamúchil* y los árboles gigantes de eucalipto que siguen el río justo al lado de la colina. Incluso vemos una serpiente *coralillo* muerta en medio del sendero, empecé a sentirme incómodo cuando los chicos parecen decepcionados de que no entre en pánico con la serpiente muerta. Empiezo a hacer preguntas.

"¿Cuándo vamos a regresar?"

"¿Qué es esa gran cueva oscura allá en la montaña?"

"¿Cuándo vamos a comer?"

"Estoy sediento."

La Gualacha es vecino de Mamá Yaya, mi abuela por parte de mi padre. Por lo general me siento seguro alrededor de él, pero hoy no está actuando normal.

"Esa cueva allá arriba, es la cueva de la pantera negra, vale", dice Gualacha con su voz diminuta.

"A veces la pantera negra está muy hambrienta. Y pueden correr rápido, vale, muy rápido."

24

De alguna manera, me creo cada palabra que dice. Incluso ellos me muestran pistas en el suelo donde la pantera caminó recientemente. Casi puedo oír el gigantesco gato. Nosotros seguimos, caminamos muy lento y silenciosamente cuando cruzamos de un lado del río al otro. Los saltos de piedra en piedra empiezan a ser más difíciles, pero no caigo en el agua. Camino hambriento y asustado como para no ser comido por la enorme pantera negra. Uno de mis nuevos amigos se esconde y empieza a hacer ruidos extraños. Nicolás y La Gualacha dicen que es la pantera y está cada vez más y más cerca. Tengo ganas de llorar, pero no lo hago. Eventualmente mis guías se cansan de andar dando vueltas por la cueva en medio de la montaña y deciden que es hora de continuar con el paseo. Nosotros nos encontramos con una pequeña llanura donde pastorea un gran número de ganado. Este es un lugar nuevo y por ahora nunca he estado tan lejos de Apulco. Mi estómago ahora está nervioso anticipándose a lo que sería la próxima bestia horrible que se nos acercara. - ¿El Toro?

Parecen cientos de vacas. ¿Cuáles son los toros?

"A los toros no les gustan los humanos en su territorio, vale, y ahora estamos dentro de su corral, así que prepárense para correr."

"Presta atención a las orejas de los toros, si las orejas se levantan, corre por tu vida."

Pero soy tan miope. Todos los animales me parecen toros. Están caminando rápidamente dentro del corral y no puedo concentrarme en las orejas del animal. Yo pregunto por clarificaciones.

"¿Cómo puedes saber cuáles son los toros?" Pregunto nerviosamente.

¡Ja, ja, ja, ja, ja!

"¿No les ves cómo le cuelga las grandes bolas, vale? ¿Por qué estamos caminando dentro del corral y no fuera en el otro lado de la barda de alambre de púas? Pensé en las palabras de mi padre y me recuerda el siempre usar mi pensamiento lógico. *"Usa la lógica."* Entonces entiendo a estos payasos que están solo tratando de asustarme. Por ahora tengo hambre. Mamá Yaya debe estar ya cocinando algunas costillitas de puerco con chile verde y tortillas recién hechas. La Tía Socorro hace limonada con mucha azúcar. Ella la revuelve bien, pero cuando lo hace, puedo ver como tres centímetros de azúcar cae al fondo del vaso mientras lo sirve en la mesa. A veces incluso va y compra hielo de mi otra abuela, mi Nina Juana.

Cuando nosotros finalmente regresamos a Apulco, son casi las cinco de la tarde y hemos sobrevivido una serie de posibles situaciones mortales - la fuerte corriente del río, la pantera negra hambrienta, los toros asesinos. Estoy confundido de lo que fuimos a cazar hoy, pero al final del día tuve una idea bastante buena de lo que buscaban.

Me avisan que algunas de mis tías me están buscando. No le había dicho a ninguna de mis dos abuelas a dónde iba y por lo tanto tuvieron que pedir a mis tías que me buscaran. La Tía Socorro fue a las tiendas locales donde me suelo ir a conseguir mi refresco, una Fanta de naranja, y un pedazo de pan. La Tía Rita simplemente pensó que era extraño que no fuera a comer hoy como de costumbre. Una vez más, esa noche me he metido en problemas por no pedir permiso para ir fuera de la ciudad.

"Yo le voy a decir a tu padre", dice mamá Yaya, explicando que muchas cosas podrían haberme pasado en las colinas a donde nosotros fuimos. Ése fin de semana lo escuche de mi padre. Él está molesto de mi partida sin pedir permiso. Pero, de nuevo, una cosa que noto es que mi padre nunca utiliza el cinturón cuando me meto en problemas en Apulco. Es algún tipo de límite invisible. Tenemos una charla sobre el pedir permiso, que lo haga al igual que lo hago en Guadalajara, y de no creer en todo lo que la gente dice. Realmente quiero mucho a mi papá, admiro su dedicación de trabajar y el de haber aprendido a ser un electricista. Me gusta escucharlo tocar la guitarra y cantar, su voz tan fuerte, cuando él canta y me mira a los ojos, rápidamente me agacho sonrojándome.

℧

"¡Todas las cuarenta y cinco personas entraran a la van y nos vamos, muévanse! El nuevo traficante grita al grupo.
Yo calculo que por cada persona pagando más de $2,500.00 cada uno, tendrán una ganancia neta de más de cien mil dólares en un solo viaje. Supongo que ellos pueden permitirse tener una camioneta van más grande. Algunos hombres se sientan en la parte trasera de la van y nos vemos obligados a elevar nuestras rodillas a la barbilla. Todas las mujeres se sientan juntas cerca de la puerta de entrada; los niños se encuentran en las piernas de las mujeres. No veo a la mujer con sus dos *chavalos*. Lentamente nos situamos todos con nuestras caras

27

descansando entre nuestras rodillas y esperando que el viaje no sea tan largo, desde San Ysidro hasta los Ángeles.

Durante el viaje, un hombre mayor empieza a llorar, pidiendo que lo dejen fuera de la van. Dice que él se siente como si estuviera sentado en navajas o agujas. Practico el abandonar mi cuerpo e ir a otro lugar con mi imaginación. No tengo nada que hacer aquí en este momento, así que levanto el vuelo de la imaginación. No es la primera vez. Cuando era niño, cuando mi padre estaba borracho y gritando a mi madre, mentalmente abandonaba la casa y me iba de viajes. Por lo general me iba al río en Apulco cerca de la montaña de la casa de mamá Yaya, donde veo el agua clara en el río, muchas hermosas colinas y el encantador olor de los árboles de asar y jazmines.

El nuevo coyote es muy duro y nunca sonríe. Todos estamos sudando de nuevo en el interior de la van. Tengo sed.

"¡Cállense y quédense donde ustedes están!" Gruñe el conductor.

Es mi primer viaje largo en las autopistas de California. Dentro de la van blanca, el silencio es abrumador. Mientras miro a través de esa red negra dentro de la van, empiezo a ver los pasos elevados de la carretera como unos laberintos altos. Los he visto en la televisión muchas veces. Las gotas de sudor corren por mi cara y mi espalda se siente húmeda. Estoy emocionado; tengo la sensación de que estamos cerca de Los Ángeles.

En tercer grado de la escuela primaria, mi nuevo amigo Jaime me invita a jugar en su equipo de fútbol llamado *Alemania*. ¡Ellos están buscando jugadores y ya incluso tienen un entrenador! El jueves por la tarde, voy a practicar después de la escuela. No tengo zapatos de fútbol y utilizo mi único par de zapatos. La vida aquí es la siguiente: en mi casa, todos tenemos un solo par de zapatos hasta que se ponen muy viejos, entonces y sólo entonces los nuevos llegan. Ya que mi padre juega al fútbol no pensé que sería una gran cosa el poder comprar unos zapatos de fútbol para mí. Soy capaz de patear la pelota a las manos del entrenador con ambas piernas y hacer algunos buenos pases. Después de tener una buena práctica el entrenador me invita a jugar el domingo por la mañana. Él me dice que debo conseguir calcetas blancas y pantalones cortos negros; El me proporcionará una playera bonita de Alemania. Me pongo nervioso porque no sólo no tengo zapatos de fútbol, pero tampoco tengo las calcetas blancas o pantalones cortos negros. Eso sería un gran gasto.

Mis padres han estado discutiendo con más frecuencia y papá ha estado bebiendo más de lo habitual. Él no parece tan emocionado cuando le dije que ya tenía un equipo, mi primer equipo organizado con un entrenador. El viernes por la noche mi madre y yo sabemos acerca de estas necesidades importantes, y me siento muy nervioso que no voy a llegar a jugar en el equipo este Domingo. Mi padre no vuelve a casa después del trabajo así que mi madre toma una decisión valiente y nos vamos a una tienda de zapatos, ya que están teniendo una "noche de especiales." Ellos tienen muchos zapatos fuera en cajas, y rezo para que tengan los zapatos de fútbol en algún lugar de esas cajas. Sin suerte. Lo más cercano que encontramos es un par de Converse All Star falsos de bota negros. A pesar de que realmente se ven como Converse, estos son alrededor de dos números más grandes que el de mi tamaño. Yo le aseguro a mi madre que me dejaran jugar con esos zapatos, ya que siempre quería tener mis propios All Stars. En la sección de calcetines miramos a nuestro alrededor y no podemos encontrar nada que se parezca calcetines de fútbol, es de noche con iluminación deficiente y las cajas están fuera. Nos encontramos con unos calcetines largos que parecen con un tipo de color blanco o algún tipo de un color claro. Mi madre me compra los calcetines largos de color claro y ahora me siento feliz. En casa mi madre arregla mis pantalones cortos, cortando las piernas de un par de pantalones de mezclilla viejos.

Cuando nosotros regresamos mis padres entran en otro gran argumento. El sábado por la noche se siente extremadamente largo. Mi madre empieza a beber por sí misma en la cocina después de que mi padre le dijo muchas cosas horribles. Ella nunca ha bebido antes especialmente sentada en la cocina por su cuenta. Algo grande está sucediendo. Ella se queja de que él es un mujeriego y que mi papá no da dinero a la casa. Él dice que él está construyendo su propia casa por su cuenta, "sin su ayuda." Si ella quiere dinero ella debe trabajar para sí misma. No puedo obtener el valor de caminar a la cocina y abrazar a mi madre, o decirle a mi papá que mi mamá trabaja todo el día en la casa cuidando de los cuatro de nosotros. Mi madre suena muy herida. Ella sólo nos ha enseñado a recibir todo lo que nos da. Su amor es grande como el océano, que nunca termina. El ir con mi mamá en la cocina crearía un conflicto con mi padre y se supone que el me llevará mañana a mi primer partido de fútbol. Me siento culpable de no poder mantener a mi madre. Estoy recostado en el sofá en la sala de estar con los ojos abiertos.

No puedo dormir. Estoy muy nervioso, pero al mismo tiempo estoy emocionado. Tal vez el entrenador me pondrá en el *cuadro* de jugadores que comienzan el partido. Me pregunto cómo me voy a mirar en un uniforme como todos los otros chicos. Así como por casualidad escucho a mi madre llorar estoy tratando de pensar en mi juego al día siguiente, de hecho, en un par de horas. Debería de usar dos pares de calcetines, para hacer que los zapatos nuevos me queden mejor ya que realmente son demasiado grandes. ¿Cómo voy a celebrar si marco un gol? Hugo Sánchez siempre corre y hace un salto mortal y cae de pie. No puedo hacer eso – me rompería el cuello. Solo voy a levantar mis manos al cielo. Mi amigo Jaime estará orgulloso. Él es el que me invitó a su equipo. No tengo un reloj, pero la noche no se pasa. Si no me voy a dormir ahora, no voy a ser capaz de poder jugar.

Temprano por la mañana mi padre se levanta después de mi insistencia y me lleva al juego. Mi padre ha adquirido recientemente su primer coche, un Carro Volkswagen Escarabajo verde de 1967. Él parece muy orgulloso de sí mismo. Su cabello es grande y usa de esos zapatos brillantes de tacón alto y camisas de colores brillantes con mangas largas. Él no ha estado viniendo a

31

casa por la noche a veces. Mamá siempre dice que está trabajando. Para mi horror, descubrí en la mañana que las calcetas de color claro que mi mamá me compró anoche son de color ¡rosa y no blancas! Los zapatos Converse falsos son de color negro y los pantalones cortos de mezclilla color azul. La cabeza de mi madre descansa sobre sus brazos encima de la mesa – ella se ha quedado dormida. Le digo a suavemente que ya me voy a mi juego. Sin que se diera cuenta ella, mi mano se mueve para tocar su cabello, pero antes de que llegue a tocar su cabello, paro y corro fuera de la cocina.

Así como llego al campo con mi uniforme improvisado el entrenador me pide que esté listo para jugar. Yo estoy más que listo.

"¡Hola Joaquín, Buenos Días!

"¡Ándale! Vístete y a calentar."

Yo comienzo a correr, a estirarme y saltar muy alto tratando de impresionar al entrenador. Mientras me mantengo al margen, mi padre sigue distraído y despistado. Sus ojos miran a alguna parte lejos. En realidad, no está aquí conmigo.

El equipo está jugando con sus camisas blancas brillantes y números negros en la espalda. El uniforme blanco y negro de *Alemania* realmente se ve bien. Alemania había vencido a Holanda en la Copa del Mundo de 1974. Los uniformes tienen los apellidos de los chicos en la parte posterior; que realmente me impresiona. Todos llevan pantalones cortos negros y calcetas blancas, algunos de ellos incluso espinilleras.

Justo en frente de la cancha de fútbol es una tienda donde se venden artículos deportivos, uniformes completos, zapatos, pelotas de fútbol, zapatos nuevos.

No me atrevo a preguntarle a mi padre que me lleve a la tienda y me compre mi uniforme. Algunas de las discusiones anoche con mi madre fueron por dinero. Sin embargo, me gustaría que se diera cuenta de mi desesperación y que me lleve a la tienda. Pido ese deseo como un niño antes de partir su pastel de cumpleaños y miro a mi padre, en busca de sus ojos y veo hacia la tienda. Los dos estamos de pie y mirando en diferentes direcciones. El juego continúa y los minutos parecen pasar muy lentamente, pero rápidamente al mismo tiempo. El juego se está terminando. El entrenador finalmente me dice que no puedo jugar con esos zapatos de tenis ya que me puedo lastimar resbalando. Al día siguiente en la escuela me da vergüenza hablar con Jaime.

ʊ

Mi trasero está frío y caliente al mismo tiempo. Literalmente, se siente como si miles de hormigas me están mordiendo. En el camino a Los Ángeles podemos negociar un poco de movimiento de las piernas, así como la gente de en frente permite que nuestras piernas vayan encima de ellos. Yo dejo que "mis vecinos" se inclinen en mis costados y mi espalda. Las botas de algún tipo caen directamente a la derecha de mi cara - bonitas botas de cuero de serpiente ahora llenas de barro de ese estanque apestoso que cruzamos la noche anterior. Nosotros logramos calmar al hombre llorando, ofreciéndole estirar las piernas. Ayudándole a este hombre nosotros creamos un espacio más cómodo ya que todos tratamos de ayudar a los demás. Afuera todo parece tan limpio y más grande en comparación con las carreteras de Guadalajara. El color del concreto en las autopistas es tal como lo había visto en la televisión muchas veces. No veo ningún tipo de basura o neumáticos viejos que estén al lado de las autopistas; en cambio hay muchas plantas y árboles de pino, una hermosa vista. Estoy empezando a emocionarme y el dolor se evapora con mi sudor dentro de la vieja van blanca. Siento que mi espíritu está volviendo poco a poco a mi cuerpo.

En dos horas llegamos a nuestro destino, otra casa sin muebles, ahora aún más dentro de los Estados Unidos y lejos de la frontera. El viejo coyote cascarrabias le habla por teléfono a mi primo para que venga a levantarme y así finalmente llego a la casa de unos parientes en Los Ángeles, miro la familia sentada en una cálida sala mirando un programa de concursos llamado *Sábado Gigante,* es un programa de juegos en español. Me doy cuenta de que el hombre, "Don Francisco" que habla español tiene un acento desconocido para mí.

"Mañana nos vamos hasta Santa Cruz," me dice mi primo Roberto.

"Son como otras cinco horas de manejo hacia el norte."

Finalmente me veo llegar a mi destino en Santa Cruz, California, con mis grandes esperanzas y aspiraciones para hacer una mejor vida. En el barrio en el que llego a conocer a la hermana de mi padre, la tía Lupita, es una vecindad, un complejo de apartamentos. Me siento un poco confundido. Esto me da una sensación de que todavía no he llegado al norte de mis sueños. Mi padre de vuelta en Guadalajara ha trabajado duro para que nosotros no llegáramos a vivir en vecindades, por eso él construyó su propia casa, y parecía orgulloso de este logro. Los apartamentos donde vive mi tía están construidos muy estrechamente. Muchas personas viven en un pequeño pedazo de tierra. Me entero de que es muy caro ser dueño de su propia casa en California. También me entero de que este complejo de apartamentos tiene una mala reputación. Hay jóvenes que han sido apuñalados, hasta incluso hay tiroteos. Muchos mexicanos viven aquí, pero noto que algunos de ellos ya no quieren hablar español. Algunos jóvenes se ofenden cuando les hablo en español.

ʊ

En Apulco hay tres tiendas familiares que suministran los alimentos básicos que necesita un niño. La tienda de los Galindo está justo al lado de la plaza. Sólo voy allí si no puedo encontrar lo que necesito en las otras dos tiendas. Allí compro mis primeros huaraches en la tienda de Galindo. Mi tienda favorita está justo en la entrada de Apulco, donde la familia Chávez ha sido dueño de la tienda por muchos años. Justo en frente de ellos está la tienda de Don Agustín, que desde que tengo memoria siempre se ha mirado como de unos cien años de edad. Su piel parece estar colgando delante de sus pupilas de los ojos y me pregunto si él puede incluso ver. A veces mis amigos en el rancho se aprovechan de Don Agustín, le roban cosas a sus espaldas. Obviamente es lento debido a su edad muy avanzada. No creo que pueda oír bien. Él nos señala a nosotros con su mano sobre la oreja diciendo "¿qué?" En voz muy baja. Su tienda tiene un olor raro.

Una noche, mucha gente en el rancho está en movimiento. Don Agustín está enfermo y que parece estar listo para pasar a mejor vida. Su casa está justo al lado de su tiendita. La familia envía a alguien para conseguir el cura. Sólo una persona tiene servicio telefónico en el rancho. Tengo seis años de edad y de acuerdo a nuestra iglesia católica y las tradiciones, comenzamos a rezar el rosario. El cura habla con la familia del anciano y le piden que bendiga a Don Agustín y que lo confiese. No me puedo imaginar qué clase de pecados podría tener Don Agustín, pero esta es la costumbre. Él está allí en su cama muy enfermo, por lo que todavía sólo su vientre se mueve hacia arriba y hacia abajo. Todos nosotros rezamos el rosario y nos despedimos de él.

Al día siguiente él está levantado sobre sus pies atendiendo su tienda con una leve sonrisa. Parecía que le gustaba toda la atención y sus viejas mejillas se sonrojan por toda la mañana. Resulta que había comido demasiado la noche anterior y él estaba teniendo una terrible indigestión. Él estaba muy débil, y no hablaba muy alto, especialmente con su vientre dañado. Yo calculo que el viejo debe haber estado diciendo dentro de su cabeza, sólo denme un poco de yerba buena como el padre estaba poniendo agua bendita en la frente del anciano.

Mamá Yaya cura muchas enfermedades con yerba

36

buena, una especie de té de menta. Mi padre una vez lo usó conmigo cuando tenía yo unos cuatro años. Recuerdo a mi padre pidiéndole a Dios que nos ayudará a hacer el té y para que esta medicina tenga efecto en mi dolor de estómago terrible. Observo a mi padre como con tanto cuidado hace la preparación del agua caliente y las hierbas con mucha atención y preocupación en su rostro, orando. Mi dolor se va milagrosamente en cuestión de minutos, hacia el cielo como el vapor en la cafetera donde mi papá preparó mi té.

ʊ

Mis primeros meses en los Estados Unidos son los más difíciles. Me toma mucho tiempo antes de que pueda encontrar un empleo y hacer frente a la depresión y la soledad de dejar a mis hermanos y hermanas detrás en Guadalajara. Dado que no hablo inglés, mi primo Robert me alienta firmemente a quedarme en la casa si no tengo ningún asunto afuera. La Tía Lupita realmente cuida bien de mí como su nuevo hijo, pero noto a mi primo Robert está empezando a cambiar a mí alrededor. Parece estar el molesto y frustrado por mis preguntas acerca de las palabras en inglés que quiero aprender.

"Yo quiero aprender inglés para que pueda obtener un trabajo más rápido", le digo.

Trato de aprender memorizando las letras de viejas bandas de rock como Led Zeppelin y The Eagles, e incluso el grupo Kiss. Pasan las semanas en Santa Cruz y hay días en que juego con los videojuegos durante horas. Me quede bloqueado con "Mario Brother." Puedo avanzar a varios niveles para que logre salvar a la princesa. Una noche no puedo dormir porque sigo escuchando la música del videojuego en mi cabeza. Comienzo a pedir prestada la bicicleta de mi primo Rico, desobedeciendo a mi primo Robert y saliéndome de la casa. Algunos días me siento avergonzado de comer ya que no he trabajado. Mi padre siempre me enseñó a "ganar mi comida" haciendo un poco de trabajo para ayudar en la casa. Mi tía me alienta a comer y a no estresarme tanto.

Yo realmente extraño a mi familia y empiezo a sentir que algo está mal en mí, una sensación de carácter incompleto y de inseguridad. Ahora estoy en los Estados Unidos, pero estoy aquí escondido, de manera ilegal, y en cualquier momento puedo ser deportado si me detectan, un miedo que no se va.

Tomando paseos en bicicleta descubro las zonas más hermosas en Santa Cruz, como Capitola, el Boardwalk, el West Side. La comunidad del surf me hace desear surfear, estar en el agua como un delfín jugando con las olas. Veo enormes casas cerca de la playa con preciosos jardines. Los niños realmente dejan los juguetes fuera de sus casas. Los juguetes se quedan allí en el césped, sin ser robados – las bicicletas, los patines, las pelotas de baloncesto. Si yo hiciera esto en México, los juguetes desaparecerían en menos de cinco minutos.

Cuando hablo con mi madre por teléfono le pido que ponga a mis hermanos en el teléfono y les cuento lo de los juguetes en los jardines de enfrente de las casas.

Ellos no suenan interesados en lo absoluto. Mi hermano Chuy me pregunta cuándo voy a regresar a Guadalajara.

ʊ

Cuando visito a mi abuela Mamá Yaya en Apulco en las vacaciones escolares, algunos primos también la visitan de Santa Cruz, California. Ellos traen ropa, zapatos tenis y juguetes usados para nosotros los que vivimos en México. De vez en cuando podemos ver a mis primos. Ellos si hablan Español pero usan bastante la palabra "SO" y "amm", mezclándolo con su español. Fueron llevados por su madre a El Otro Lado cuando ellos eran pequeños, siguiendo a su padre, quien trabaja en California. Un año mi prima Olivia me lleva un reproductor de cintas marca Sony. Este es mi mejor regalo. Yo he visto un montón de cintas en casa de mi Nina Juana de mi tío Cuco, su hijo, que vive en Los Ángeles. Rápidamente voy a ver cuál puedo pedir prestada y encuentro una cinta llamada *Led Zeppelin Greatest Hits;* allí veo una de mis canciones favoritas, escalera al cielo. Realmente no creo que Nina Juana echará de menos esta cinta.

Yo soy capaz de obtener dinero de mamá Yaya para comprar baterías y obtener mi nuevo reproductor de cintas de casete en esta tierra de este pueblito tan remoto.

Una de las canciones de mi "cinta prestada" llamada *Rock and Roll* comienza con un ritmo de batería con una gran energía y en movimiento. En el momento en que la escucho, mi corazón comienza a correr. Me hace sentir fuerte, valiente, audaz, imparable, nuevo y con mucha esperanza. Realmente no entiendo una sola palabra de lo que están diciendo, pero me gusta el ritmo y la energía.

It's been a long time since I rock and rolled
It's been a long time since I did the Stroll
Oh let me get it back let me get it back
Let me get it back baby where I come from...

Yo me paseo por el rancho con mi pecho muy alto con el reproductor de cinta atada a mi hombro tocando *rock and roll* muy fuerte. Ya tengo trece años y estoy muy enamorado de mi prima Olivia. Ella tiene veintitrés años. Siento que todo lo que necesito ahora es el rifle Remington 22 de mi tío. Me encuentro una caja medio llena de municiones para el rifle y me voy a la caza de iguanas. Continúo escuchando la cinta durante mi paseo de caza por las montañas en busca de iguanas.

Por alguna razón, no veo ningún animal.

Incluso antes de convertirme en un adolescente me doy cuenta de que la música provoca mucho dentro de mí. Soy sensible a los sonidos. La música me puede levantar y me hace volar como un pájaro libre en medio de las blancas nubes. La música puede hacer que me sienta como parte de ese río en frente de mí que corre por los pies de la montaña con su agua cristalina y limpia. Me siento protegido y casi como parte de los árboles altos de mezquite que también se mueven con cierto ritmo. La música me transporta a mundos diferentes. Nunca antes me había tocado algo así. Siento como mis emociones conectan con las notas y la intensidad de esos instrumentos tocando, así como la energía de voladura que viene de los tambores.

La música también me puede aplastar. Puede convertir el cielo lindo y azul en un cielo gris con el simple cambio de una nota o de una pista a la otra. Esto produce en mí ese dolor que es diferente, un dolor que a pesar de que al final de la canción y mis ojos están llenos de lágrimas, puedo regresar la canción y saber cuántos segundos exactamente tengo que mantener esa tecla RWD para volver a empezar la misma canción, *Yendo a California.*

Spent my days with a woman unkind
Smoked my stuff and drank all my wine
Made up my mind to make a new start
Going to California with an aching, in my heart
Someone told me there is a girl out there
With love in her eyes and flowers, in her hair
Took my chances on a big jet plan
Never let'em tell you that they're all the same...

Las guitarras acústicas son dulces y acogedoras. En un momento las notas se sienten felices y alegres, de repente, se tornan tristes, con una soledad que evoca verdaderamente mis lágrimas. Hoy me pregunto ¿A dónde voy? ¿Qué es lo que pasa con mi padre que bebe tanto? ¿Deberían mis padres permanecer juntos? ¿Que son todas estas emociones en mi pecho? Mientras escucho la música de Led Zeppelin, con calma medito mientras disfruto de los olores del rancho. Las estufas de leña. El aroma de muchos árboles de jazmín muy verdes que viven aquí. Me encantan esos olores, que completa este hermoso momento, el día que se termina. Aunque no entiendo las palabras de la canción, entiendo el sentimiento en cada nota en la guitarra, la tristeza en la voz del cantante.

υ

Durante mis primeros meses en los Estados Unidos me di cuenta de lo mucho que amo a mi familia. Mi tía se está convirtiendo como mi madre, muy sobreprotectora con mis acciones y ella es la que me da el permiso de cómo vestirme y a donde ir. Ella me consigue un trabajo con Don Pedro, limpiando en el mercado de artículos baratos de Santa Cruz, le llaman la "flea market" –la pulga--. Este lugar necesita ser limpiado antes de la noche ya que es también un autocine por las noches. La primera película empieza a las siete y media.

"¿Levantando basura?" Yo le pregunto a mi tía medio inconforme.

"¡Querías norte!" mi primo Robert grita sentado en el sillón de la sala, mientras come un plato lleno de *Cheerios* con leche.

En este trabajo, en la pulga aprendo cómo conducir, en una vieja camioneta. Conduzco en primera velocidad por la primera semana. En poco tiempo me doy el valor suficiente para cambiar a segunda velocidad e incluso en reversa si no tengo otra opción. Yo choco con algunos postes de las bocinas que se interponen en mi camino, al menos cinco veces.

Mi primo Robert me lleva al auto cinema una noche con sus amigos y tenemos un poco de diversión con

42

cerveza escondida y viendo las películas. Están proyectando *Lethal Weapon II* en la pantalla mientras nosotros saltamos encima de una barda que está junto a los apartamentos en los que vivimos. Nosotros literalmente, podíamos ver la película y escucharla en nuestro apartamento, pero es más divertido estar realmente dentro.

En mi trabajo, se supone que debo caminar en el mercado con una bolsa negra para recoger y poner la basura ahí. Mucha gente viene aquí con sus familias. Pienso en mi pequeño hermano Héctor que cómo él ya debe de estar cumpliendo sus seis años este año. Él es el más joven de mi familia. No puedo esperar hasta que él me dé un *"bracho pretado"* de nuevo con sus pequeños brazos. Mi salario es de seis dólares por hora. Estoy emocionado de estar haciendo mis propios dólares. Mi tía puede ver que no estoy entusiasmado con el trabajo en sí, pero tengo que empezar en alguna parte.

ʊ

Mi papá y los abuelos se levantan temprano y tienen sus conversaciones en la cocina. Me gusta escuchar a mi padre y sus padres cuando llega el fin de semana, sobre todo cuando se habla de mis calificaciones en la escuela primaria. Me siento tranquilo y relajado. Mi padre habla a menudo de su hermano mayor Santiago y de sus aventuras cuando eran niños. Mi tío Santiago dejó su rifle, el Remington calibre .22 en la casa de *Mama Yaya* cuando se fue al otro lado. Mi papá me muestra cómo utilizarlo. Salimos y le disparamos a todo lo que podamos recoger, como latas de cerveza que encontramos por el río, juguetes de plástico. Una vez, cuando papá trajo a mi hermano Chuy, salimos a practicar nuestro tiro con un trozo seco de caca de vaca (estiércol). Las pequeñas balas salen de estos pequeños agujeros. Me entusiasma correr y agarrar este gran pedazo de caca seca.

"¡*Mira, Chuy!*" "Aquí es donde tú le pegaste, justo en medio."

Se supone que no, pero uso el rifle los domingos por la tarde, cuando mi padre se va en el autobús a Guadalajara.

Cuando mi padre se entera de que estoy usando el rifle sin su permiso, él comparte conmigo la historia de mi tío Pepe. Mi papá comparte esta historia a menudo. El tío Pepe murió al dispararse accidentalmente cuando él se había ido a cazar por sí mismo en las montañas de Apulco.

"Justo debajo de la barbilla." Mi papá señala hasta debajo de su cara mientras mira hacia arriba.

"Murió desangrado *mijo*."

Mi padre me muestra cómo manejar el fusil y cómo limpiarlo de una manera segura. Me da una gran sensación de confianza cuando mi padre me dice que debo usarlo con mucho cuidado cuando voy de cacería. Siento como si me gradué de la resortera a esta hermosa pieza de madera que escupe fuego. En ocasiones voy de cacería de iguanas para que mi abuela pueda hacer un poco de caldo al igual que como cuando mi padre es capaz de traer iguanas de todo el camino de la parte alta de la colina. Es curioso cómo mi abuela siempre conoce mis experiencias de mis cacerías.

"¿Casi mataste a la iguana?" Ella me dice cuando llego a casa con las manos vacías.

"Pensaste que le diste, pero se escapó... para ocultarse en algún lugar de los arbustos... ¿verdad?" Ella siempre tiene la razón.

"Eres igual que tu padre." Se ríe y murmura en voz baja.

Hoy no habrá caldo de iguana.

Por alguna extraña suerte nunca soy capaz de matar a un animal. Una vez, practicando mi puntería, derribe a un pájaro carpintero de la parte alta de la montaña. Y me dije, ¡Ja! Es un ave tan linda con su hermosa cabeza roja, plumas negras con cola mezclada de azul oscuro/verdoso. El pájaro aterriza justo al otro lado del río. Corro hacia el ave para agarrarlo y ver dónde le pegue el balazo. Mi padre siempre les dispara a los animales en la cabeza. Él dice que les duele menos. Así, mientras busco por sangre en el pájaro carpintero y no puedo ver nada de sangre y al parecer el efecto de choque de una bala que golpea tan cerca ya se le está pasando. El ave comienza a hacer ruido muy fuerte y a dar vueltas en mis manos pequeñas. Es muy fuerte, ruidoso y muy hermoso.

"¡Tikoo – Tikoo – Tikoo!"

Aviento el pájaro y vuela en círculos un par de veces antes de que se enfile hacia la montaña, continuando con su fuerte "tikoing" como diciendo,

"Debes trabajar con esa puntería chico de ciudad."

Después de este verano mi maestro de la escuela

45

convence a mis padres para que me compren mis lentes graduados ya que no puedo ver los números en el pizarrón.

Para mí, cualquier actividad en Apulco es mágica. A veces me siento en la cima de la montaña y veo los autobuses que pasan por el viejo puente. De vez en cuando, se detienen para que la gente suba o baje. Algunas personas regresan de Tonaya o, a veces la gente regresa de otras ciudades del sur o de Guadalajara. El ritmo es lento. El aire es denso, lleno de los aromas de las estufas de leña, de la tierra y de la vegetación a su alrededor. Veo los árboles altos de primavera, llenos de flores amarillas. En el rancho el ritmo es siempre lento. El olor a estiércol de vaca, cerdos y caballos se mezclan irónicamente, creando un aroma único que me gustaría poder encapsular y llevarlo a la casa en Guadalajara. Las gallinas aceleran su velocidad a medida que son seguidas de pequeñas bolas amarillas de pelusa que desesperadamente cantan "pio pio pio." A veces incluso las pequeñas familias de cerdos deambulan en la calle. Algunos niños caminan tranquilamente en su ropa interior. Pobres, pero siempre cordiales y aparentemente felices, se saludan con respeto cuando pasan. ¡Adiós!

Yo amo el olor del río, y cómo se combinan todos los olores justo después de un día de lluvia. El tiempo se detiene aquí en este pequeño pueblo. Sentado en la cima de la montaña que sigue el río hacia Tonaya, puedo ver las dos casas de mis dos abuelas. También puedo ver la iglesia alta y hermosa pintada toda de blanco. Parece como una catedral. Me encanta el hecho de que mis padres me permíten vagar libremente aquí en este lugar. Me siento seguro y vigorizado con cada respiro que

46

tomo.

Puede que sea una historia popular como muchas inventadas por la gente, pero mi padre me cuenta una historia sobre la familia fundadora de esta ciudad, los Vizcaíno, y su encuentro con una olla de oro, literalmente. Mi padre dice que don Carlos Vizcaíno encontraba oro en todas las partes que caminaba, incluso cuando él montaba su caballo. El caballo tropezaría en un agujero y luego encontraría un jarro de *centenarios de oro*. Ellos fueron a Roma y pidieron al Papa qué hacer con tanto dinero que encontraron. El Papa les pidió construir una gran iglesia donde la gente sabría acerca de la fe en Dios y en Jesucristo. Crecí atendiendo a esta hermosa iglesia, asistiendo a la misa católica, a veces incluso ayudando como monaguillo con el Padre Cruz.

Mis raíces están en paz aquí, en este pequeño y bello paraíso. Aquí es donde mi madre y mi padre crecieron y sus padres también, Apulco Jalisco.

ʊ

Un amigo de mi primo Robert, Milo, me encuentra un trabajo como ayudante de un pintor. Milo vive en Watsonville, que mi primo Robert llama "Pequeño México" y bromea acerca de las personas que viven allí. A Milo le gusta fumar marihuana. A él también le encanta la película *Grease* con John Travolta; mi primo también es dueño de esta película. Robert y Milo usan chaquetas de cuero y un montón de vaselina de nombre *Three Flowers* en su cabello negro. El olor de su brillo de pelo me hace náuseas, pero no digo nada. Asimismo, no les digo que creo que no se parecen en nada a *John Travolta*. Pruebo la marihuana por primera vez con Milo y mi primo Robert y me hizo tanto reír durante mucho tiempo viendo una película del actor Cheech Marin. En la película, este hombre chistoso mexicano interpretando a un ciudadano de los Estados Unidos se encuentra que tiene que cruzar la frontera ilegalmente puesto que el parece mexicano y el agente de la patrulla fronteriza no le cree que él es un estadounidense. Me veo cruzar la frontera de nuevo mientras mis manos sostienen mi estómago con un gran dolor debido a tanta risa. Después de la película nos vamos a Burger King y tenemos una gran cena.

Milo dice que él renuncia de ser un pintor y que ahora es un mecánico de automóviles. Así es como obtuve mi trabajo como pintor. Estoy emocionado. Mi nuevo jefe, el Señor Lee no habla español y yo no hablo mucho inglés. Cada vez que él dice algo yo digo "yeah" con una gran sonrisa. Voy a la casa del Sr. Lee cuando apenas se despierta cada mañana. El me pide que espere en su muy cómoda sala de estar con alfombras blancas y hermosos muebles de color blanco, mientras que enciende la televisión y hace el café y se fuma un cigarrillo. Practico mi inglés al escuchar las noticias en el canal Fox. Su casa realmente huele a cigarrillos y siento náuseas, pero no quiero quejarme ya que me pagan por mi tiempo sentado aquí. Realmente no puedo entender sobre lo que discuten Lee y su esposa.

Alrededor de cuarenta y cinco minutos más tarde, después de las discusiones diarias con su esposa, dejamos su casa y pasamos por una tienda de licores y

48

Lee sale con dos paquetes de cigarrillos y una botella en una bolsa de papel pequeña, que guarda cerca del volante de la gran van blanca. Toma pequeños sorbos aquí y allá. La van blanca tiene letras azules grandes, LEE'S PAINTING. Observo dentro de la van y veo muchas herramientas y lonas. Pienso en la van llena de gente en la que llegue a los Estados Unidos lleno de esperanzas de poder encontrar un trabajo. Me siento agradecido. Trabajamos en una casa en la calle Laurel en Santa Cruz durante unas tres semanas y pintamos esta casa gris con un ribete blanco. Pasamos en auto por esta casa cada domingo con mi tía, en el camino a la Iglesia en Santa Cruz por la calle Misión señalando la casa,

"¡Miren, esa es la casa que nosotros pintamos!"

"¡Ay hombre! Ya nos los dijiste como cien veces."
Me dicen mis primos.

Joaquín con su papá y hermanita Beatriz.
Guadalajara, Colonia del Fresno 1972

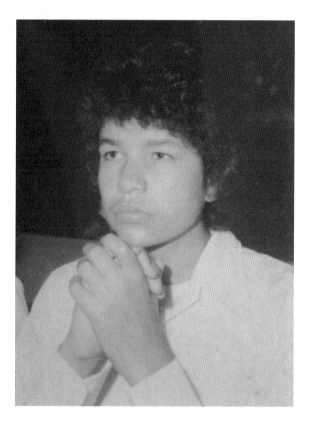

Fiesta de XV Años

El Sueño Californiano

En California las cosas son cada vez más confusas. Desde que llegué aquí no he sido capaz de encontrar algún amigo nuevo. Olvídate de una cita con una hermosa chica Californiana. Las personas que viven en los apartamentos donde el primo Robert vive lucen como mexicanos, pero ellos dicen que no hablan español. Una joven en una tienda local de *Mervyn's* luce muy molesta cuando le hablo en español, ella me dice en inglés: "I am sorry but I don't speak Spanish!" Mientras voy poniendo mis nuevos pantalones en una bolsa de plástico, miro sus ojos color café y me pregunto si tal vez eso es lo que hacen los mexicanos aquí en *el norte* para encajar.

¿Olvidar mi propio lenguaje y sólo hablar inglés? ¿Será eso posible? No ha sido un lugar tan amable como me lo imaginaba. Después de todo, realmente echo de menos salir con mis amigos de mi viejo barrio, mis amigos del grupo musical. Echo de menos tocar música en las fiestas e incluso echo de menos el humo de cigarro en el coche cuando estamos en camino a nuestros conciertos. A veces me encuentro caminando buscando colillas de cigarros mientras pienso en el olor y creo que me hace recordar a mis amigos en México fumando junto a mí, sólo quiero oler ese humo, no fumar.

Después de que mi primo me ayudo a entrar en este país su actitud ha cambiado bastante hacia mí. Me siento como un intruso en su casa. Desearía poder salir y regresar a México, pero eso realmente me haría sentir que he fracasado. Realmente quiero hacer que mi familia se sienta orgullosa y volver sólo significaría que no trabaje lo suficientemente duro para lograr mi sueño. Cada día le pregunto a mi tía si sabe algo sobre algún empleo. No hay suerte, han pasado casi cuatro meses. A veces camino afuera de los apartamentos, pero nadie juega afuera como lo hacíamos en las calles de Guadalajara. Las calles se sienten vacías y frías.

Me he dado cuenta de un grupo de jóvenes que siempre parecen estarse divirtiendo afuera de los apartamentos por la cancha de baloncesto. En realidad, hacen que los vellos de los brazos se me ericen, pero parecen amistosos, mientras me dirijo a la tienda de comestibles El Chino. Hablan español, pero con un acento en ingles pesado. Estoy desesperado por tener amigos. A veces chicas con ropa provocativa pasan el tiempo alrededor de estos chicos. Pues decido pasar el rato con ellos. Algunos de estos hombres usan pantalones que parecen demasiado grandes para ellos y se cargan cierto salto rítmico mientras caminan sosteniendo sus pantalones con una mano. La mayoría de ellos usan grandes camisas blancas y brillantes. Se burlan de mí porque meto las camisas dentro de mis pantalones como lo hacía en México, "bien fajado." Mi Tía Lupita me dice que no es buena idea pasar el rato con este grupo, ella conoce a la mayoría desde que eran niños.

Una noche, mientras todos estamos en la cancha de baloncesto, aparece un nuevo tipo en un coche azul y nos invita a dar un paseo. Como todo el mundo parece conocer a esta persona en el coche, decido ir al paseo. Nosotros vamos a lo que ellos llaman "La Cima del Mundo" en Old San José Road. Realmente no puedo entender por qué un nombre tan glorioso. Todo el mundo está bebiendo cerveza y fumando. Ya de regreso de La Cima del Mundo nos detenemos por un garaje y entramos. Me doy cuenta que hay cámaras y sistemas de sonido. Disimulando me alejo y vuelvo al coche. En este momento, mi corazón y mi estómago están enviando señales fuertes. Recuerdo que mi papá me decía que siempre utilizara el sentido común. Recuerdo mi primera intuición sobre ellos y el consejo de mi tía. Me aferro a la cerveza que se supone que estoy bebiendo. Ahora parece estar caliente.

Con mis nuevos amigos regresamos a los apartamentos de forma segura y el coche se queda en la calle Soquel Drive estacionado; donde todos podemos verlo. Son después de las 11:00 pm y debería partir pronto a casa pienso en silencio. Siento en mi bolsa del pantalón mi nuevo llavero y hago sonar estas llaves como para asegurarme que están realmente allí.

"Tú no tienes que llamar a la puerta cuando regrese esta noche," mi tía me dijo dándome la llave.

Yo observo un coche de policía conduciendo por donde está el coche azul. Al parecer el mismo coche de policía vuelve y se estaciona al lado derecho de la cancha de baloncesto. En menos de un minuto veo a otro coche de policía que se detiene justo en frente de la tienda de comestibles El Chino y un tercer policía se está acercando rápidamente. Algunos de mis nuevos amigos están sentados, otros están de pie, pero cuando veo la tercera patrulla comienzo a caminar lejos del grupo hacia la casa de mi tía. En cuestión de segundos los tres coches patrulla se estacionan justo en frente del grupo, las luces brillantes apuntan a todos nosotros y todo el mundo

54

comienza a correr.

Mientras corro hacia la casa de mi tía puedo oír a alguien corriendo detrás de mí con lo que suena como un gran juego de llaves. Mi corazón está bombeando muy rápido. Cuando llego al apartamento de mi tía, todavía tengo que subir las escaleras. Salto las escaleras en dos pasos mientras agarro las llaves de mi bolsillo, rápidamente abro la puerta, entro y la cierro con mucha suavidad. Justo después de entrar en el apartamento oigo el gran juego de llaves pasando por la puerta.

Al día siguiente puedo oír a mi tía hablando con mis primos sobre la noticia en el diario Santa Cruz Sentinel. Cuatro de mis nuevos amigos están en la cárcel porque la policía encontró objetos robados en el coche azul. Comienzo a prestar atención a los consejos de mi tía después de lo que pasó la noche anterior.

Caminando por la Avenida 41 pensativo y con algo de preocupación sobre estas cosas, cuando escucho música cumbia que sale de un garaje detrás de una casa. Soy lo suficientemente valiente como para caminar y presentarme, lo que para mí es muy inusual. Siempre he sido muy tímido. Allí conozco al Sr. Rodrigo y su familia de cinco hombres y tres mujeres. Él está tratando de enseñarles música a sus hijos para "mantenerlos fuera de problemas." Ellos practican en el garaje detrás de su casa. Les digo que soy músico y he estado tocando durante más de cinco años en una banda en Guadalajara. El Sr. Rodrigo y su familia me piden que sea su bajista y me invitan a venir a practicar con ellos. Mientras camino de regreso a la casa de la tía Lupita me siento orgulloso de mí mismo por haber conocido a estas simpáticas personas de Durango, México.

Pero cuando llego a casa de mi tía, problemas. El Primo Robert ha conocido a una chica en México y durante un viaje para allá tiene un conflicto con mi padre y parece muy molesto a su regreso. Me he dado cuenta de su cambio de actitud, o más bien su actitud había dado un giro de mal a peor. Cuando le pregunto sobre ello, el insulta a mi familia en México, incluyendo a mis padres. Les llama unos interesados. Me siento sorprendido y profundamente triste por su comentario. Mi familia realmente aprecia a Robert y lo admiran, y no están interesados en su dinero y regalos que lleva a México como él sugiere. Robert termina pidiendo que me vaya.

"Esta casa no es de él," dice mi tía mientras empaco mis cosas en una mochila pequeña. Agradeciéndole a él por traerme a este país, me voy como él desea.

Un rapero famoso llamado Tone Lock toca en mis auriculares mientras camino por La calle Soquel Drive hacia la Avenida 41. La noche se acerca, estoy muy asustado y nervioso. Me digo a mí mismo que nunca olvidaré este momento porque es cuando realmente debo esforzarme a que esto funcione por mi cuenta. Ahora estoy solo. Me pregunto si realmente estoy en el otro lado.

Camino hasta la casa del Sr. Rodrigo y le pregunto si puedo dormir esta noche en su garaje explicando mi situación. El me permite quedarme en su garaje lleno de instrumentos musicales. Hago una cama improvisada justo enfrente de los tambores negros. Sus hijos Jorge y Beto me traen algo de comer por la noche. Yo había ahorrado dinero suficiente para comprarme una grabadora-radio amarilla de marca Sony a prueba de agua y disfruto escuchar la música en español para poder dormir. Durante la noche, trato de averiguar cómo puedo utilizar la función de impermeabilidad en este radio, mientras lucho para poder dormir. ¿Podría tomar una ducha con este radio? Tal vez podría caminar bajo la lluvia mientras escucho música. Tal vez pueda escuchar música dentro de una piscina. *¡Carajo!* Ni siquiera tengo una casa donde vivir. Trato de mantener mi ánimo y ser optimista, pero la primera noche en este garaje finalmente me rindo y lloro en silencio. Desde niño, se me enseñó a demostrar "que tan hombre que soy" y el no llorar. Ya tengo mis diecinueve años. Se siente bien estar solo y tener la libertad de llorar.

Al otro lado de la calle del garaje hay una gasolinera donde voy a lavarme la cara y a usar el baño. Tengo que esperar hasta que alguien salga del baño para poder entrar, ya que no cuento con la llave. "Solo para Clientes" un hombre de edad avanzada me dice mirándome con algún tipo de disgusto. Más de una vez tengo que aguantar hasta que llegue a la estación de metro en el centro de Santa Cruz de camino al trabajo.

Mi segunda noche en el piso en este garaje de la avenida 41 ocurre un pequeño terremoto alrededor de las 1:00am. Estoy tendido en el suelo de un garaje lleno de instrumentos musicales, en una tierra muy lejos de mi familia y ahora un terremoto haciendo un ruido muy intimidante, especialmente cuando la batería comienza a colapsar.

"Gracias, Dios, pues aún estoy vivo," Yo rezo en silencio.

Siento que ha pasado mucho tiempo desde que he visto a mi familia. De hecho, ni siquiera ha sido un año. No puedo volver a México y visitarlos. Tengo miedo de cruzar de nuevo la frontera ilegalmente. Ahora cuesta alrededor de tres mil dólares pagar a un coyote. Muy a menudo, me siento deprimido, insatisfecho en general conmigo mismo. No me siento bien con ninguna de la ropa que uso. A menudo mientras camino alrededor de muchas personas, como en el centro comercial o en la calle, siento que necesito comprar ropa nueva para lucir mejor. Quizás para sentirme mejor. Tal vez zapatos nuevos. Siento como que no encajo aquí, no "combino.". ¿Sera mi cabello, mi ropa? Tengo muchas espinillas. Me doy un nuevo corte de cabello. Se llama flat-top como el que usa el famoso rapero MC Hammer. Él se ve bien y muy confiado en sí mismo en la televisión. Mis amigos en Guadalajara siempre se burlaban de mis grandes orejas cada vez que me cortaba el cabello - ellos realmente tendrían una explosión de risa con este nuevo corte que me cargo. Nunca he tenido el pelo tan corto. También estoy considerando teñirlo a rubio. Me gasto mi dinero impulsivamente tratando de encontrar formas o cosas que puedan ayudar a que tenga la sensación de que yo encajo en este nuevo lugar. Algo que me ayude a actuar más como los jóvenes aquí en los Estados Unidos. Quiero sentirme más americano.

Unos cinco meses en los Estados Unidos y mi tía Lupita me encuentra un segundo trabajo. Ella dice que pagan $7.00 dólares por hora. En su trabajo ella lo está haciendo por sólo $6.50 la hora, pero ella trabaja con personas que hablan español y que la hacen sentir segura. Yo todavía trabajo en "la pulga" recogiendo la basura los fines de semana. Ahora ya se manejar.

En este nuevo trabajo con Target Prototypes hacemos piezas de computadoras a partir de moldes de silicón. Tomo el autobús al trabajo y viceversa. Mi jefa Jeannette le gusta mucho mi deseo de trabajar y mi voluntad de hacer todas las piezas de plástico con un aspecto perfecto. Jeannette también se estresa cuando ella está tratando de comunicarse conmigo en inglés. Me pongo nervioso, ya que no entiendo; ella habla muy rápido.

Mi respuesta es habitual. "Yes?... oh yeah."

Jeannette me da un aumento de $7.00 la hora a $8.00 la primera semana de trabajo. Mi tía está realmente impresionada. Ella me explica que sólo recibe $0.25 centavos de aumento en su trabajo una vez cada seis meses. Mi jefa también compra un pizarrón grande blanco y lo coloca junto a la entrada del almacén. Ella dice que me va a enseñar una o dos palabras en inglés por día escribiéndolas en esa pizarra. Ella tiene una gran cantidad de energía y las primeras tres o cuatro semanas ella viene con algunas palabras y frases. Carlos, un veterano de la Guerra de Vietnam que habla un poco de español, en realidad se burla de mí cuando me ofrezco para hacer el café un día y pongo el café molido en el vaso en lugar del filtro. El pizarrón blanco grande esta mañana dice "Fuck it / a la jodida" y nadie me quiere explicar lo que eso significa. Esas mismas palabras se quedan allí durante muchos días. Parece que Jeannette ha renunciado a tratar de enseñarme inglés. Finalmente lo borro y escribo,

"Gracias maestra, Jeannette."

Ya comienza a gustarme este trabajo. Tomo las piezas que salen de los moldes con esquinas rotas y burbujas de aire, uso diferentes materiales para arreglar las piezas rotas y hago que se vean perfectos mediante lijado y pintura. Yo adquirí experiencia en lijado y pintura mientras trabajaba como carpintero en México haciendo camas y cunas y realmente me ayuda a hacer una impresión. Mi jefa escucha *Tracy Chapman* en su increíble sistema de sonido Kenwood mientras trabajamos duro.

"And your arm felt nice wrapped 'round my shoulder. And I had a feeling that I belonged. I had a feeling I could be someone, be someone, be someone."

El bajo de la música hace temblar las herramientas en la mesa, mientras escuchamos las canciones. Pienso dentro de mí, cuando tenga mucho dinero me voy a comprar un sistema de sonido como ese.

Mark, el marido de Jeannette está muy emocionado cuando obtenemos una orden del ejército de Estados Unidos para construir pequeños tanques de versión en miniatura. La tienda ha estado relativamente lenta y esta parece como una gran oportunidad de tener trabajo durante al menos un año. La primera orden viene y hacemos dieciocho tanques de doce pulgadas y uno de unos cinco pies de altura. Me entero de lo que significa "trabajar horas extras." Me gusta la paga conseguida estos días. Es increíble lo real que se ven los tanques. Siempre he estado fascinado con soldados de juguete, los jeeps camuflados y, obviamente, los tanques. Excepto que cada uno de estos "juguetes" cuesta cientos de dólares debido a todo el trabajo que toman.

La orden es un éxito y se nos pide construir un

mayor número de tanques. Mark se emociona, su negocio está finalmente despegando, pero su esposa no está de acuerdo con hacer lo que ella considera elementos utilizados para la guerra. Carlos el hombre mayor dice que tanto él como Jeannette son "hippies" y realmente no entiendo cómo esto está relacionado con el trabajo que se nos pide que hagamos para el ejército. Viniendo de México los términos "hippie" y "veteranos" son nuevos para mí. Steve, uno de los fabricantes de moldes y maquinista, también parece tener una opinión negativa sobre este producto que se nos pide construir. Steve siempre lleva un pañuelo rojo en la cabeza y camisas sin mangas con fotos de bandas de rock al frente. Jeannette explica que tanto Carlos como Steve son veteranos de Vietnam.

Fuera de mí pago, logro ahorrar suficiente dinero para dar un pago inicial de una camioneta Nissan con rines cromados y neumáticos deportivos. En California se les llama "Minitrucks" o "Lowriders." Este es mi primer vehículo. Estoy seguro de que con mi camioneta conoceré a muchas chicas y seguramente a mi chica Californiana-- California girl. En el concesionario de automóviles usados me piden conseguir un "aval", pero no sé muy bien lo que eso significa. El vendedor de coches me lleva a la casa de Tío Manuel. Él es el primo de mi padre que vive en Santa Cruz. Le pregunto allí sin rodeos si él quiere ser mi codeudor como si le pidiera que sea mi padrino de mi primer coche. No he visto a mi tío en muchos meses, pero él solía ser el mejor amigo de mi padre cuando él era un niño. Él se da cuenta de mi entusiasmo y de la emoción y él firma los documentos que el vendedor tiene preparados en el lugar. Mi tío me

61

pregunta si tengo una licencia de conducir y le miento. Nadie tiene que saber que sólo acabo de aprender a conducir en el mercado donde trabajo, la pulga.

El conflicto continúa en el trabajo, Jeannette y Mark no se pueden poner de acuerdo con respecto al trabajo para el ejército. Nos vamos de vacaciones de navidad y cuando volvemos de las vacaciones, las puertas del gran almacén permanecen cerradas. Ninguna señal, ninguna explicación. El negocio está cerrado para siempre. Me entero de que su matrimonio está por terminar en un divorcio. He perdido mi trabajo y acabo de comprar un coche de doce mil dólares. No puedo evitar y siento pánico.

El no hablar inglés y no tener un permiso de trabajo hace que sea muy difícil encontrar un buen trabajo. Lleno aplicaciones para el Carl's Jr y McDonald's en el centro comercial de Capitola, entonces ¡Carl's Jr. me llama al día siguiente! Ellos me dan un par de pantalones negros, una camisa roja con una estrella amarilla, una gorra negra y me dicen que compre zapatos negros antideslizantes. Puedo empezar al día siguiente. Me siento emocionado con la idea de trabajar en el centro comercial; Podría conocer a mucha gente allí. Me pagan por ver vídeos durante mi primer día.

Después del trabajo me paseo en el autobús hasta que se hace de noche y los músicos que practican en el garaje ya no están. Me da vergüenza que los otros jóvenes descubran que no tengo casa. Un día caminando del centro del Metro al garaje noto que un coche de policías me sigue y en un momento después se estaciona delante de mí. Me doy cuenta que también tienen un perro dentro de la patrulla, y en un momento camino justo al lado de esta ventana oscura ligeramente abierta, mientras la nariz del pastor alemán se pega a la ventana. La puerta dice unidad K9. Cuento tres veces que me encuentro la misma patrulla de camino al garaje y cada vez que paso junto a esta ventana se encuentra ligeramente abierta. Me pregunto ¿Por qué creen que me veo sospechoso? ¿Es mi nuevo sombrero de Carl's Jr? ¿Sospechan que hay algo en mi mochila? ¿Sera el color de mi piel?

Conozco a un nuevo guitarrista llamado Álvaro. Él también es del Estado de Jalisco, como yo, y tiene veinte años, un año más que yo. Su banda está practicando música mexicana básica, en su mayoría cumbias y rancheras. Me ofrezco para ayudarles con la guitarra. A ellos realmente les gusta mi forma de tocar la guitarra y Álvaro y sus amigos me invitan a vivir con ellos en un apartamento en Live Oak. Es la primera vez que vivo independiente en un apartamento con otros cinco hombres. Todos trabajamos y sólo nos reunimos durante las tardes. Compro comida, pero la mayoría de ellos sólo compran cerveza. Mi amigo Álvaro siempre come comida rápida; a veces McDonald's o Taco Bell. Mi amigo Álvaro, como yo, no tienen el hábito de beber alcohol. El resto de los chicos se burlan de mí.

"¿Cómo puedes ser un músico y no beber cerveza?"

A estas alturas echo de menos la comida de mi madre y sobre todo la casa de mis padres. Álvaro explica que él se cansó de intentar tener el refrigerador lleno de comida y que la comida sea robada por un fantasma en el apartamento. Álvaro se convierte en mi nuevo mejor amigo. Él por lo general es muy tranquilo y se carga un pequeño bigote muy negro. Él habla mucho de su hermano menor, el problemático – El Cholo. En algunas comunidades mexicanas en California existe este determinado estilo de cabello, de ropa y de comportamiento en los hombres jóvenes. Los llaman *cholos*. Desde mi infancia me entero de que ellos son los mafiosos mexicanos y su estilo de vestir consigue un poco de admiración por un tiempo en México, ya que este estilo vino de California. Mi padre no aprobaba este estilo de vestir. Él siempre me decía que metiera mis camisas dentro de los pantalones sobre todo para mantenerme fuera de problemas con las pandillas.

Álvaro posee un colchón de espuma de tamaño completo, que se ofrece en cortarlo por la mitad y compartirlo conmigo. Me compro una manta grande negra, roja y blanco de Mickey Mouse y ahora por fin tengo mi primera habitación compartida con una cama. En la casa, por fin encuentro al hermano de mi nuevo amigo. Su nombre es Everardo, pero todos lo llaman El Cholo. Casualmente me dice que vende cocaína en el barrio de Beach Flats y que no tiene un trabajo de verdad. Él me ofrece probar ese polvo blanco. Parece inofensivo en estas pequeñas bolsitas de plástico que se esconde en los bolsillos o a veces dentro de su boca. Realmente parece que sólo es azúcar en polvo o harina. Me pone nervioso y me niego a intentarlo. Pero la curiosidad empieza a merodear dentro de mi cabeza.

Durante mi primer año en los Estados Unidos conozco a mucha gente de todo México: Durango, León

Guanajuato, Michoacán y Jalisco. No creo haber conocido a tanta gente en México, aun cuando estaba tocando en la banda.

Después de seis meses en los Estados Unidos por fin tengo un trabajo, y vivo con otros jóvenes en un apartamento en Live Oak. Aún no he conocido a la chica rubia de mis sueños.

Un domingo por la mañana me levanto para ir al mercado de la pulga. Cuando llego a la estación de Metro en la Avenida Pacific, me compro un café con leche y un pan. Es principios de octubre y puedo sentir este nuevo frío en los huesos. Veo el vapor que sale de mi bebida mientras abrazo el vaso de papel con las dos manos. A través del vapor noto que una chica me observa disfrutar de mi café con leche. Le devuelvo la sonrisa y ella mira hacia abajo. Me subo en el autobús de la ruta 71 hacia Watsonville, que me va a llevar al mercado. Durante el viaje en autobús, noto esta misma chica y lo hermosa que es.

Cuando me levanto para bajar del autobús utilizando la puerta de atrás me doy cuenta que ella también se levanta y se dirige hacia la puerta delantera. El conductor afroamericano es muy amable y habla con todos a bordo. No entiendo su inglés, pero él parece estar bromeando y teniendo mucha diversión mientras conduce. Él dice "adiós" a la chica mientras abre la puerta a otros pasajeros.

Aunque ya no trabajo allí, voy a la *flea market* para recoger una cinta que pedí de una banda argentina llamada *Soda Stereo*. Ellos tienen una canción llamada *Temblor* que realmente quiero escucharla de nuevo. Esta canción me recuerda el gran terremoto en

México en 1985 y lo que estaba pasando en Guadalajara cuando tenía quince años. Mi amigo Raúl es otro músico que recientemente conocí en el garaje y vende cintas, él explica que tuvo que ordenar la cinta de Soda Stereo de Los Ángeles hace dos semanas.

He notado que no muchos mexicanos en California escuchan rock *en español*. Extraño mis estaciones de radio favoritas de Guadalajara. A medida que entro en *la pulga* con una gran cantidad de gente morena hablando mi idioma me siento seguro y bienvenido. Hablando con mi amigo Raúl en su improvisado puesto de música y pagando mi nueva cinta, la misma chica hermosa del camión pasa por detrás de mí y decido seguirla.

"¿Puedo caminar contigo?"

Trato de poner mi mejor cara. Ella me permite caminar con ella. Es una chica mexicana del estado de Cuernavaca cerca de la Ciudad de México. Ella me explica que es la única de su familia más cercana que está aquí igual que yo, aunque tiene una hermana y sus abuelos que viven en Watsonville. Ella tiene un hermoso color de piel morena café-con-leche y su cabello es largo y negro. Su nombre es Mariela. En primer lugar, tratamos de hablar en inglés, pero rápidamente cambia nuestra conversación al español. Yo le digo que estoy aquí en la pulga para recoger una cinta y de mi gusto por el rock and roll. Ella me dice que está aquí para simplemente salir de la casa. Ella estaba en camino a Watsonville a visitar a su abuela, pero decidió bajar del autobús cuando se dio cuenta que estaba por bajar del autobús. Me halaga y siento como mis mejillas se enrojecen. Me siento nervioso y emocionado. Parece aventurera, pero al mismo tiempo tranquila y tímida cuando ocasionalmente mira hacia abajo cuando la miro a los ojos. Ella cubre parte de su rostro con su cabello largo y negro. Tomamos el autobús de la ruta 71 en la calle Soquel. De regreso a su casa. Mariela me dice que ella también le gusta la música rock. Ella menciona a *Bon Jovi* que nunca he oído antes, pero le aseguro que su música es muy buena tratando de parecer conocedor acerca de la música americana. También explica que su padre toca la guitarra y que muchas veces tocaba y cantaba canciones para ella en México cuando era niña. Su hermosa piel es más oscura que la mía y se siente muy suave mientras hablamos rumbo a su casa, cuando nuestros brazos accidentalmente se tocan un poco, mi corazón se acelera. Estamos de acuerdo en reunirnos el próximo jueves, 17 de octubre, 1989.

Ese gran día finalmente llega y voy a tener mi primera cita en los Estados Unidos después del trabajo. Las finales de las Grandes Ligas son esta noche. *Los Gigantes de San Francisco* contra *Oakland As,* han llegado a la Serie Mundial. Me bajo del autobús y durante mi camino a casa me siento emocionado pensando en esta chica. Esta primera chica que conocí en los Estados Unidos es una gran oportunidad. Es un día importante.

Caminando de regreso a la casa escucho lo que suena como un tren descarrilado en un lugar muy cercano. Live Oak está cerca del océano en el lado este de Santa Cruz y ahora es unos minutos después de las cinco de la tarde. El fuerte ruido se acerca cada vez más deprisa como un gigantesco martillo que golpea el suelo. Miro alrededor asustado, esperando ver que algo gigante caiga encima de mí. Estoy seguro de que estoy a punto de ser aplastado. Entonces me doy cuenta de que el fuerte ruido es un terremoto. Coches saltan arriba y abajo en los espacios de estacionamiento. Me muevo de lado a lado y de arriba abajo. Rezo mientras la tierra se agrieta debajo de mí, literalmente. Después de unos segundos que parecen minutos sigo mi camino hacia mi apartamento en la Avenida 14. Inmediatamente después del terremoto, las alarmas de los coches comienzan a sonar en lo que sería una tarde muy ruidosa.

Las réplicas comienzan casi de inmediato. Un grupo de amigos que viven en el segundo piso han saltado por la ventana y aterrizan en un arbusto de salvia mexicana fuera del apartamento del primer piso. Los primeros cuatro chicos saltaron la valla metálica con éxito, pero el último chico, mientras trataba de saltar, su pierna derecha se quedó atorada en medio de la valla de metal negro, con todo el peso de su cuerpo se rompe un hueso. Se rompió el hueso de la pierna, justo entre la rodilla y los tobillos. Puedo ver el hueso que sobresale de sus pantalones de mezclilla y todavía no tiene sangre cuando llego allí. Parece confundido acerca que sobresale de sus pantalones debajo de la rodilla hasta que comienza el sangrado. Cada vez que llega una réplica huimos de donde él se encuentra mientras llora, para que nosotros lo llevemos lejos de esa zona tan cerca de los apartamentos. Lo cubrimos con una manta caliente y le pedimos que espere, le explicamos que no debemos moverlo, ya que podríamos causarle un daño más grave. Otro joven que vive con él tiene uno de esos nuevos teléfonos móviles y llama a la ambulancia. Es comprensible, dicen que tomará al menos una hora en llegar. Durante el resto de la noche seguimos escuchando los camiones de bomberos y ambulancias que van en todas las direcciones. Tarda unas tres horas antes de una ambulancia venga a ayudar a nuestro vecino.

Sigo mi camino a mi apartamento para ver si alguien está ahí y si están bien. Pasando de una habitación a otra no veo y no oigo a nadie hasta que encuentro a Álvaro tendido en el suelo de un closet, toda la ropa se encuentra encima de él. Sus ojos están llenos de lágrimas, pero pretende estar fresco y tranquilo. Me pregunto por qué decidió quedarse en el suelo debajo de toda la ropa dentro del closet, pero no me atrevo a preguntar. Cuando le ayudo a levantarse y salir del closet me explica que en realidad estaba sacando algo del closet cuando llegó el terremoto. Toda la ropa y otros objetos cayeron encima de él mientras trataba de abrir la puerta para salir. Se fue la luz y Álvaro perdió el control y cayó al suelo. Me dice que se sentía seguro debajo de la ropa.

No tenemos electricidad por el resto de la noche y por primera vez veo a muchos de mis vecinos afuera de los apartamentos. Nadie se siente seguro de entrar. En las estaciones de radio nos advierten que no se inicie ninguna fogata debido a posibles fugas de gas, pero las personas que quieren estar calientes prenden fogatas y luego se ponen a cocinar carne asada en ellas.

Parece que una gran noche de campamento afuera de nuestros apartamentos, niños jugando -*encantados*-- y adultos pateando balones de fútbol. Esto me recuerda a mi barrio en México cuando todo el mundo sale y juega afuera después de un día de trabajo o de escuela. Me atrevo correr dentro del apartamento para recuperar mi reproductor de cintas y mi nueva cinta que compre el domingo en el mercado. Me paro junto a una pequeña fogata en el exterior y escucho la canción que acabo de comprar, *El temblor*. Me maravillo dentro de mi cabeza de tal coincidencia, pero yo no les digo nada a mis amigos; no lo entenderían. Ellos ya piensan que mi gusto por la música es extraño. Mis compañeros de cuarto escuchan un nuevo tipo de música mexicana llamados *Tecno-Banda* como la *Banda Maguey* y la *Banda Machos*. Pienso en Mariela y cómo se suponía que debía encontrarme con ella hoy, pero ahora quien sabe cuándo voy a verla de nuevo. La canción sigue:

Yo, caminaré entre las piedras
Hasta sentir el temblor, en mis piernas
A veces tengo temor, lo sé
A veces vergüenza
Oh oh oh
Estoy sentado en un cráter desierto
Sigo aguardando el temblor, en mi cuerpo
Nadie me vio partir, lo sé
Nadie me espera
Oh oh oh

Parado afuera del apartamento, estirando el cable de teléfono más cerca de la puerta que conduce afuera, llamó a Mariela para hacerle saber que no podía llegar al Metro Center como habíamos planeado a las 6:00 pm. Los autobuses han dejado de funcionar y aunque yo realmente quiero verla no me siento con ánimo para ir en bicicleta. Ella suena ocupada mientras trabaja y me explica que algunos de los padres están llamando frenéticamente a la guardería para saber de sus hijos.

70

Estamos de acuerdo en reunirnos el próximo domingo, cuando no esté trabajando. Llamo a mi madre en México para hacerle saber que estoy bien. Finalmente, Mariela y yo podemos reunirnos en nuestra primera cita. Nos encontramos en el Metro de nuevo. Tomamos un autobús hasta el centro comercial de Capitola. Damos un paseo por el centro comercial ya que debido al reciente terremoto la mayor parte del centro de Santa Cruz se dañó, se está limpiando o se está evaluando para realizar reparaciones. Después de comer comida china en el centro comercial, tomamos el autobús de regreso a su casa. Ella vive en esta gran casa de estilo victoriano en el lado oeste de Santa Cruz. La propietaria de la casa, que es también la jefa de Mariela, es propietaria de la guardería y alquila otras habitaciones de la casa para estudiantes de la UCSC. Mariela me invita a entrar para ver su habitación de ella en el ático que parece ser como un tercer piso. Mi cabeza se golpea contra el techo triangular y yo no puedo estar de pie. Mariela me explica que ella alquila la habitación más barata en la casa, piensa que es cómoda y lo suficientemente grande para ella, mientras está trabajando para ahorrar dinero. Puedo ver carteles de Bon Jovi en las paredes de su habitación, un chico rubio flaco de ojos azules y de pelo rubio y largo, tocando la guitarra. Parece que está usando maquillaje.

Mariela me explica a ella también le gusta ayudar a su familia en México y con su trabajo de niñera es capaz de ir a la escuela y pagar el alquiler del cuarto, además de vez en cuando envía dinero a su padre y a sus hermanos pequeños. Trato de acercarme a ella, pero ella sigue mostrándome fotos de su familia en México y hablando sin parar; ella parece estar nerviosa. La madre de Mariela murió cuando solo tenía siete años y desde entonces tomó el papel de la madre desde el principio de su vida. No puedo evitar sentir un gran respeto por esta chica. Como yo, ella está tratando de mejorar su vida al venir a el otro lado.

Nosotros tenemos mucho en común y realmente me gusta mucho. También me siento en conflicto con mi corazón debido a mi idea de conocer a una chica de California como las que había visto en la televisión y las películas en México. Pienso hacia mí mismo, ¿cómo una chica de ojos azules, alta, rubia, de piernas largas y una sonrisa atractiva se fijaría en un inmigrante ilegal que no habla bien el inglés y que no tiene un buen trabajo?

Los dos nos sentamos en su habitación mirando la imagen del rubio y carismático Bon Jovi en la pared.

¡Suspiros!

Finalmente, soy capaz de acercarme lo suficiente, ella no está hablando y sus lindos ojos marrones no están mirando a otro lado o hacia abajo. Nosotros nos besamos, pero no me atrevo a hacer otra cosa que acariciar su pelo negro y su suave piel. Mi corazón me dice que espere.

Por ahora, cuando la gente me pregunta si hablo inglés lo que puedo decir "un poco." Aunque todavía estoy nervioso para decir "no pepinillos" en los lugares de hamburguesas. Me da miedo que vayan a pensar que soy demasiado exigente o aun peor, que vayan a iniciar una conversación completa en inglés.

Me dan una multa por no tener una licencia de conducir, pero eso me empuja a solicitar una. Paso la prueba en mi tercer intento y me siento orgulloso cuando realizo la prueba en inglés. Pero el trabajar solamente en el Carl's Jr no me permite pagar todas mis cuentas, la renta y especialmente los pagos de mi camioneta. Para ganar dinero extra, o en caso de no tener un empleo, existe la costumbre local para los hombres mexicanos aquí en California de estar afuera de una ferretería para ser contratado como jornalero, me trago mi orgullo y me quedo afuera frente a una ferretería esperando a que alguien me contrate. Es frustrante estar allí de pie esperando a que alguien me contrate. Además, hace frío. No me he acostumbrado a los inviernos fríos de California.

Vale la pena cuando consigo un trabajo con una compañía de construcción. Se nos pide a nosotros de cambiar los cimientos de una casa. Ponemos todo el peso de la casa en unos gatos hidráulicos y otras piezas gigantes de madera que serán utilizadas como su nueva base. Gateo por debajo de la casa y miro ratas muertas tiradas, y otras ratas huyendo asustadas. Está oscuro y húmedo, lleno de telarañas y polvo. Dentro de mi pienso: "Querías norte amigo."

Por la mañana preparo mi propia comida, un gran sándwich. A medida que llega la hora de comer, nosotros nos sentamos en la parte trasera de una camioneta. Es una costumbre con la que me crié, ofrecer parte de mi comida a mis amigos antes de empezar a comer. Me levanto caminando por la caja de la camioneta y me acerco a cada uno de mis compañeros de trabajo sentados cerca de mí. Mientas ofrezco mi comida su reacción parece de confusión, desconcierto, sobre todo incómodos. Esto también me hace sentir muy incómodo.

73

Mis nuevos compañeros de trabajo comienzan a comer su comida sin ofrecer a su alrededor, y también me siento incómodo y algo raro. Por un breve momento siento que no estoy aquí, que no cuento. Que no soy parte del equipo. Algo falta. Después de ese día, no ofrezco de mi comida y trato de estar bien con mis amigos que no me preguntan. Realmente quiero encajar y ser como los jóvenes de aquí en los Estados Unidos. En realidad, me siento exitoso al quedarme solo en mi primer año en los Estados Unidos. Ahora tengo una novia y mi jefe me ha dado permiso para regresar a México a visitar a mis padres. Pero voy a tener que cruzar la frontera ilegalmente de nuevo a mi regreso. Cuando voy a visitar a mi tía para hacerle saber que estoy saliendo adelante por mi cuenta, mi primo Robert me presiona de nuevo.

"¿Entonces Joaquín, cuando vas a regresar a México? Me sentiré mejor una vez que regreses. No quiero tener la responsabilidad si algo te sucede aquí en California."

"Yo volveré en diciembre, primo," le respondo. "Le prometí a mis padres que volvería en un año."

Mi primer boleto de avión dice San José, California a Guadalajara, Jalisco, el 8 de diciembre de 1991. Cuando llegó a Guadalajara y el piloto toca una canción llamada Guadalajara en las bocinas, mis ojos se llenan de lágrimas de la emoción.

Cuando llego a casa le muestro fotos de Mariela, mi novia de California, a Mamá Yaya. Ella hace un comentario sobre su cabello cubriendo su rostro.

"¡Ay esa greñuda que te encontraste!"

Paso tiempo con mis viejos amigos y

familiares. Toco música con mi ex-banda y juego al fútbol con el equipo de mi barrio. Mis amigos en México están molestos por el nuevo acento que traje de California. También estoy exagerando un poco y digo la palabra "man" como los amigos de mi primo hacen en California. Lo disminuyo un poco después de que mi primo Tino me echa una mirada matona.

"¡Ya habla bien, güey!"

Las cosas parecen lo mismo en mi barrio de Guadalajara después de un año de ausencia. Algunos de los niños pequeños han crecido más allá del reconocimiento y tienen que recordarme quienes son. Me doy cuenta de que la contaminación en las calles ha aumentado y más coches invaden las calles. Me he acostumbrado a las calles suaves de Santa Cruz, California, y el olor del océano Pacífico.

Después de tres semanas en México El Cholo decide volver a California conmigo. Se ofrece a traerme de vuelta y ayudarme a cruzar la frontera de nuevo. Le pedí que no tuviera ninguna de esas pequeñas bolsas blancas alrededor de él, ya que no me quiero meter en problemas. Después de un mes de regreso en México tomamos el autobús de regreso a Tijuana y nos preparamos para cruzar de nuevo la frontera ilegalmente. Sólo que esta vez, estamos cruzando sin un coyote y con el Cholo como nuestra guía.

Nosotros llegamos a Tijuana y decidimos a sentarnos cerca de un grupo, obviamente, liderado por un coyote. El Cholo lleva a su hermano más joven Juan y a su primo Felipe. Invité a dos de mis mejores amigos Carlos y Juan Carlos. Sólo Juan Carlos vino. Es alto, delgado y un corredor rápido. Cuando era niño, Juan

Carlos me intimidaba hasta que lo hice mi mejor amigo. En total somos un grupo de cinco, todos muy hambrientos por tener éxito y tener una vida mejor. Nosotros esperamos hasta que oscurezca y seguimos al otro grupo por una buena distancia. Al cruzar la frontera saltando por encima de una valla seguimos nuestro propio camino. Ahora es diferente – siento una sensación de seguridad por segunda vez, sabiendo que tengo un trabajo que me espera en California.

El plan es llegar a San Diego y tomar el tren de carga a Los Ángeles. Una vez en Los Ángeles vamos a utilizar el tren de pasajeros en dirección a Santa Cruz. En este punto, supongo que todo el mundo tiene al menos algo de dinero en sus bolsillos.

Nuestro primer paso funciona y cruzamos a San Isidro siguiendo al coyote sin ser notados. Mientras nosotros esperamos en la oscuridad para avanzar, cerca de las vías del ferrocarril una persona camina en silencio, nos dice que es un taxista y nos llevara a donde queramos. Nosotros tomamos un gran riesgo y confiamos en él, él nos lleva a San Diego por cuarenta y cinco dólares. Siguiendo el consejo de nuestro conductor de taxista, tres de nosotros nos sentamos como pasajeros en el taxi, los otros dos en el suelo.

En San Diego se supone que debemos esperar el tren de carga hasta las 3:00 am y es sólo la 1:00 a.m. cuando estamos ahí, antes de lo previsto gracias al riesgo que tomamos al tomar el taxi. Nos encontramos con un vagón de ferrocarril que tiene un espacio vacío en cada extremo, y en estos espacios somos capaces de acomodar a tres personas. Sin atreverme a pensar cuál es el propósito de estos agujeros conseguimos entrar allí como unas grandes ratas. Esperamos ahí hasta que es la hora de irse a Los Ángeles. Juan está sentado a mi lado en este hoyo del tren. El Cholo, su primo y su hermano más joven, esperan en el otro lado. El único problema es, que nosotros no podemos comunicarnos. Nosotros cubrimos la entrada de nuestras "cuevas" con cartón y ahora está completamente oscuro por dentro. Finalmente, alrededor de las 2:00 am empezamos a escuchar ruidos y oficiales alrededor en caballos. Pasan muy cerca de nosotros y puedo ver sus linternas a través de nuestras ventanas de cartón y ahora mi corazón late muy rápido. Me pregunto si mi amigo Juan Carlos puede oír el latido de mi corazón, fuerte como un tambor en esta cueva oscura y pequeña. Por último, el tren comienza a moverse. Me pone muy contento, ya que el plan parece estar funcionando a la perfección.

Pero, por alguna razón tengo un presentimiento de que se está moviendo en la dirección que venimos. No mencionó nada a Juan. El tren viaja durante unos 20 minutos y luego se detiene. Una vez más, el ruido y la conmoción, caballos, linternas, golpes de metal suena como que conectan o desconectan los coches de carga. En un momento dado, escucho el tren comienza de nuevo, pero nosotros no nos movemos. Nosotros nos quedamos atrás en nuestras cuevas hasta el amanecer y la luz del día regresa.

Ya bien amanecido poco a poco vamos saliendo de nuestros escondites y nos reagrupamos por las vías del ferrocarril. Nos damos cuenta de que estamos donde empezamos, en San Ysidro mirando por encima de la valla está Tijuana México. El tren nos dejó unos ocho coches atrás y nosotros estamos entre ellos.

"¡Que mala suerte!"

"¡No manches!"

"¿Y ahora que vamos a hacer?"

"Pos no sé."

Podemos ver las casas muy pobres en Tijuana desde donde estamos y algunos almacenes de lujo muy altos en el lado norte de la frontera con buen pavimento. En silencio, nosotros comenzamos a caminar hacia el norte, siguiendo las vías del tren, como si en silencio estuviéramos de acuerdo en que si nos atrapan no nos importa.

Caminamos por muchas horas mirando el hierro de las vías del ferrocarril. Caminamos debajo de las autopistas, justo al lado de la autopista 1 al Norte.

Mientras caminamos volteo hacia atrás y veo a mi amigo Juan Carlos, su cara roja del sol. Se mira nervioso y cansado.

"¡Querías norte carnal!" Le grito a Juan.

Él se sonríe, mientras todos los demás comenzamos también a reír.

Hacemos un gran recorrido caminando hasta una pequeña ciudad llamada La Jolla, California, donde compramos boletos de autobús para Oceanside. Ahí acordamos tomar el tren a Los Ángeles. Llegamos a Oceanside alrededor de las 7:00 de la tarde y ya comienza a hacer frío otra vez. Cuando compramos los boletos nos damos cuenta de que estamos casi sin dinero. Nosotros habíamos parado en un McDonald's al principio del día y gastamos mucho de nuestro dinero tratando de calmar nuestra hambre. Comimos como unos pobres náufragos. Yo me comí tres Big Mac, papas fritas grandes y una malteada de fresa. Fui el más comelón.

Cada uno de nosotros tiene un boleto de tren en nuestras manos mientras esperamos el tren de pasajeros, esta vez sentados en una bonita plaza en Oceanside. De repente nos damos cuenta de algunas personas que huían de la estación gritando,

"¡La Ley, La Ley!" Corren huyendo de la estación. Otra persona mexicana pasa más cerca de donde nos sentamos cómodamente en la plaza y nos grita.

"¡La Migra, pendejos!

Nosotros saltamos y empezamos a correr también. El camión de inmigración se detiene justo enfrente de la estación de tren. Cuatro oficiales salen y se colocan justo al lado de las puertas donde la gente entrara en el tren. Me doy cuenta que me siento más nervioso por mis amigos que por mí mismo. Les pido a todos que memoricen el número de teléfono de mi tío Cuco, ya que es donde vamos. No quiero anotarlo y meter a mi tío en problemas. Les explico que debemos caminar con calma y pretender que no le debemos nada a nadie. Les pido caminar lentamente e ir a diferentes puertas. Yo voy primero, con calma, me pongo mi camisa de forma correcta, (ya que la había estado usando al revés para mantenerla limpia desde la noche anterior) y pasé por un oficial alto sólo a unos cinco pies de distancia de mí.

Me meto en el agradable tren y me siento cerca de un hombre mayor, y trato de entablar una conversación con él. Rápidamente reconozco su acento cubano y también el habla inglés. Comienzo a practicar mi recientemente aprendido inglés. Casualmente cruzo mis piernas y comienzo una conversación con él sin quitarme mis auriculares como había visto que lo hacen los jóvenes en California. Uno por uno veo a mis compañeros entrar al tren y sentarse en coches diferentes. Me he dado cuenta los oficiales están en el interior del tren y comienzan a revisar cada vagón uno por uno, de nuevo me siento muy nervioso. Pero pasamos la prueba y a nadie se le pide a bajar del tren. Llegamos a Los Ángeles alrededor de las once, casi la medianoche.

Estamos en los Ángeles y ya casi sin dinero, pero tomamos un taxi a Pacoima, California. Al llegar a la casa de mi tío Cuco, camino a la puerta principal mientras mis amigos esperan en el taxi; mi tío no está allí. Su esposa nunca me ha visto y no sabe quién soy, por lo que trato de explicarle que necesito para pagar el taxi, y no me alcanza porque solo tengo$ 30.00; ella se adentra a la casa, deja la luz apagada de afuera y cierra la pequeña ventana de la puerta de la entrada. Por un breve momento creo que estamos en problemas. Sin embargo, ella regresa y me da el dinero para pagar el taxi. Tal alivio. Mis amigos salen del taxi y se unen a mí en la puerta principal. Encontramos de nuevo la puerta de la casa cerrada y la luz apagada. Decidimos esperar a que mi tío regrese a su casa.

Es casi enero y el frío del invierno hace que me duelan los huesos después de sólo pasar algún tiempo en el clima de Guadalajara. Tratamos de sentarnos muy cerca unos de otros para dar y recibir calor, pero parece no funcionar. El Cholo se aleja y usando algunas de sus "habilidades callejeras" regresa en cinco minutos con una gran funda de coche grande hecha de una tela y plástico similar al algodón. Nosotros la usamos como

80

una manta. Nos quedamos dormidos ya que no habíamos dormido la noche anterior, al esperar el tren que partiría a Los Ángeles. Parece que eso hubiera sucedido hace mucho tiempo y solo fue justo la noche anterior. Fuertes explosiones nos despiertan. Vemos que llega el antiguo coche de mi tío, se encuentra estacionado frente a su garaje con los faros apuntando hacia nosotros. Podemos ver nuestra propia respiración y una fina capa de hielo se ha formado a lo largo de nuestra manta. Mi tío nos explica que salió de su trabajo en un restaurante a las 3:00 am y le llevó treinta minutos para llegar a casa. Finalmente, se nos permite entrar a su casa. Él nos ofrece la cena y café, pero simplemente vamos directamente a dormir a su cálida sala de estar.

Al ser el único que tiene un trabajo, pido prestado dinero a mi tío para viajar en el autobús de Los Ángeles a Santa Cruz. Me toma una semana para reunir suficiente dinero de mi propio cheque de pago y pedir prestado para enviar para el boleto de autobús del resto de los chicos en Los Ángeles donde tuvieron que esperar en la casa de mi tío.

ʊ

Tengo 10 años y voy en cuarto grado, y me encuentro con un nuevo amigo. Él no tiene padres y vive con su abuela. Pedro es probablemente la persona más social en el aula, tal vez la más extrovertida y fácil para hablar en la escuela. Él siempre tiene dinero con él para comprar su refresco y hasta el almuerzo. Él siempre lleva ropa bonita y zapatos negros brillantes. De alguna manera, nos hicimos amigos, y ya que en la primaria todos tenemos apodos, los compañeros de clase lo llaman "Perro" ya que suena tan parecido a Pedro.

Pedro me dice que la razón por la que siempre tiene dinero es porque él trabaja en el mercado del barrio limpiando zapatos. Su trabajo incluye hablar con sus clientes. Él habla con extraños todo el tiempo, y le pagan por limpiar sus zapatos. Realmente lo admiro porque siempre tengo miedo de hablar con alguien, especialmente los extraños en la calle. Él hace que me pregunte cómo a pesar de que no tiene a sus padres parece tan seguro de sí mismo, independiente, respetuoso y educado.

En la escuela Pedro incluso habla con las chicas más guapas de cuarto grado y no se pone rojo de la cara como yo. Realmente quiero ser como Pedro. Mi madre nunca aprobaría que estuviera solo en el mercado. Quiero conseguir ese trabajo cuando sea grande.

Aprenderé a hablar con extraños y a escuchar cómo va su día a medida que les doy brillo a sus zapatos. Voy a escuchar sin juicio por cinco pesos la boleada. Tal vez tenga bebidas frías en una hielera. Me sentaré justo al lado de Pedro y esperare a que los clientes pasen sus zapatos bonitos y decirles

"¿Boleada Señor?"

"¿Boleada Señor?"

ʊ

En los días de lluvia, no hay trabajo en la construcción y todavía tengo que hacer los pagos de mi camioneta. A pesar de que han sido muy útiles, a mí no me gusta el trabajo de pintura, la construcción o el trabajo en la pulga. Siento que tal vez hay algo mejor para mí que Carl's Junior aquí en el norte. Mi trabajo es averiguar cuál es.

Me encontré una carrera más estable como un auxiliar de enfermería (NA por sus siglas en inglés) y comienzo a trabajar en dos diferentes clínicas de convalecientes diferentes en Santa Cruz. Mi día comienza a las siete de la mañana, termino a las 3:00 pm en un lugar y comienzo a las 3:30 pm en el otro, terminando mi día casi a la medianoche. Tengo que llevar uniformes como lo hacen las enfermeras, pantalón blanco, camisa blanca y zapatos blancos. Me enorgullezco de llevar una etiqueta con mi nombre en ella y las dos letras N.A.

Voy a la escuela nocturna para aprender más inglés. La clínica de convalecientes también ayuda al darnos clases de auxiliar de enfermería durante mis horas de almuerzo, para convertirnos en un Asistente de Enfermería Certificado. Aprendo acerca de cómo tomar los signos vitales, tomar la temperatura, transferir a la gente dentro y fuera de la cama, cambiar a las personas con incontinencia, vaciar catéteres, levantar adecuadamente a los pacientes de las sillas en camas, entre otras cosas. Es impactante ver a todas estas personas mayores que viven lejos de sus familias. Algunos de ellos viven millas y millas de distancia de sus parientes más cercanos. Pienso en que estoy a mil quinientas millas de mi familia en

Guadalajara.

ʊ

Cada año, muchas personas vienen de los Estados Unidos y Guadalajara para visitar el rancho. Es como celebrar la fecha de nacimiento de este lugar. Grandes bandas son contratadas; la gente usa su mejor ropa y camina por la plaza. Las mujeres caminan en una dirección y los hombres caminan en la dirección opuesta. Cuando ves a una chica que te gusta le dices:
"¡Adiós!"
Todavía estoy demasiado nervioso para decir adiós a las chicas bonitas.
Mi hermano Chuy y mis hermanas vienen de Guadalajara, estoy feliz de verlos. Nosotros corremos alrededor de la plaza como unos locos jugando encantados. Algunas bandas tradicionales con trompetas de bronce y una tambora se sientan en el medio de la plaza y tocan canciones muy alegres y rapiditas. Mientras que en el otro lado de la plaza un grupo moderno toca cumbias y otra música para bailar con instrumentos electrónicos. Hay una gran cantidad de alcohol por todas partes, especialmente donde el baile se lleva a cabo. Y aquí es donde mi padre pasa la mayor parte de su tiempo durante esta celebración al lado de sus amigos de la infancia. Una vez que están borrachos comienzan a gritar como coyotes heridos.
"Aaaaaaaiiiiiiiiiiiaaaaaayaaaaaaaaaaiiiiiiiiiii"
Realmente quiero ser capaz de disfrutar en estas

84

grandes fiestas, pero todo el alcohol y la gente dando vueltas como loco me hace sentir muy nervioso y ansioso. Aunque estoy jugando con mis hermanos y hermanas tengo un dolor de cabeza horrible. Pienso en mi padre y lo impredecible que puede ser cuando toma. En este tipo de pueblos pequeños algunos hombres llevan armas de fuego sólo para presumir. Eso me hace sentir muy nervioso. Algunos actúan muy machos con toda la música fuerte, las damas bonitas alrededor, el alcohol. Creo que nunca voy beber como lo hace mi padre.

¡Tú la traes!

Mi hermana me etiqueta. Comienzo a correr detrás de ella, manteniendo un ojo en el lugar donde están tocando la música y mi padre ha estado sentado por ahora unas cuatro horas bebiendo. Realmente quiero ir a casa con Mamá Yaya pero no quiero perderme los fuegos pirotécnicos.

Justo alrededor de las 11:00 pm los fuegos comienzan con el famoso castillo. Una estructura alta, tan alta como cinco hombres adultos, y lleno de petardos. Este es el evento más espectacular y todo el mundo disfruta de las vistas de los bellos colores. Todos los niños empezamos a correr. Cada año parece que se pone mejor. Después de que termina el castillo viene el *torito*. Alguien lleva una figura de toro hecha de papel y madera sobre su cabeza completamente llena de petardos que se sumergen en el suelo y se arremolinan por todas partes como buscando algo, como serpientes en fuego. Se llaman a estos petardos buscapiés. Es como un baile. Los ancianos y los niños se sientan en los lados de la plaza riéndose de estos jóvenes valientes, sin temor saltan y bailan jugando alrededor del fuego. Esta celebración ha estado sucediendo durante muchos años en Apulco. Algún día voy a volver aquí y seré uno de los *norteños* que la gente notará de inmediato. "Él es el hijo de Petra y nieto de Jesús El Gordo." La gente dirá. "Se fue a los Estados Unidos y no ha estado aquí por muchos años." Yo voy a usar ropa americana agradable y un buen reloj caro. Voy a tener más de un par de zapatos. Me encantará volver a jugar en el campo de fútbol con algunos de mis amigos La Gualacha, y Los Cuates (Los hermanos gemelos). Ellos, como yo, ahora serán viejos y con una gran barriga.

Son sólo dos días de celebración; algunas personas incluso empiezan a montar su coche de regreso a Guadalajara después de que el Castillo se quema la segunda noche. Mi primo Roberto, que ahora le gusta ser llamado Robert, viene a veces durante la celebración. Él también se irá pronto - de vuelta a California. Por lo general me da un poco de ropa buena y juguetes americanos agradables. Él tiene diecinueve años y es sólo unos diez años mayor que yo. Algún día también voy a traer juguetes y ropa para mis primos en México.

ʊ

En mi camino de vuelta a casa después del trabajo, camino por encima de la carretera Highway 1 mediante

86

un paso superior en la Avenida 41. Alguien me contó que esta carretera me puede llevar todo el camino a Tijuana. Me paro en el paso elevado al notar muchos bellos coches de muchos colores que van hacia el sur. Pienso en mi familia. Mi felicidad de llegar a California no puede ser plenamente disfrutada sin mis hermanos y hermanas.

En la clínica de convalecencia, mis primeros días no puedo ni comer durante la hora del almuerzo, enfermo por la tarea de cambiar enormes proporciones de pañales. Veo a mis compañeros de trabajo en la sala de descanso para comer y compartiendo su comida como en familia, la mayoría de ellos son mexicanos, de las Filipinas o incluso de El Salvador. Es la primera vez que socializo con la gente de El Salvador con su acento diferente.

Durante el trabajo continúo con una sed insaciable aprendiendo nuevas palabras en inglés y los pacientes me enseñan mientras yo les enseño mi humilde español. Siento que mi inglés es cada vez más fluido, también les enseño las palabras importantes,

"*Ay Cabrón.*"

"*¡Arriba, Arriba!*"

"*Pinche, Cabrón.*"

Mis "estudiantes" se ríen de mis enseñanzas.

Cuando termino mis rondas diarias, traigo mi guitarra para cantar canciones populares como *La Bamba, Cielito Lindo*. Algunos *abuelitos* reconocen las canciones y cantan conmigo en español. Ellos comparten sus historias sobre sus visitas a México y sus hermosas experiencias. Me siento muy bien trabajando aquí. Comienzo a disfrutarlo realmente. Siempre supe que estaría trabajando ayudando a la gente de alguna manera.

Amador el conserje, me ha estado animando a probar la cocaína como si fuera un caramelo inofensivo. "¡Nomas pruébala!" Amador me dice en silencio cuando me ve en los pasillos yendo de una habitación a otra ayudar a los pacientes con sueño. Siento nerviosamente una sensación de curiosidad, pero el miedo es más grande en este momento. *¡Paso!* Le digo, alejándome de él.

Pronto obtengo mi certificado como un auxiliar de enfermería (CNA por sus siglas en inglés), incluso cuando mi inglés todavía no es tan bueno y muchas veces la mitad de la clase parecía estar dormida durante las clases. La enfermera a cargo de entrenarnos se burla de mí cuando le digo con orgullo que envié una copia de mi certificado a México para que mi madre pueda ver mi trabajo duro; y uno de mis primeros logros aquí en los Estados Unidos.

La vieja clínica de convalecientes tiene cien camas y emplea a unas veinte asistentes de enfermeros certificados y cuatro enfermeras. Un médico viene a menudo para revisar sus expedientes y prescribir los medicamentos necesarios. Aprendo sobre el término restricción química, muy triste. Sostener a la gente en sus sillas medicadas porque podrían ser "demasiado problemáticas."

Hoy conozco a un interesante paciente, el Sr. Jack Bennet cuando él tomo la cama vacía en la habitación 95. Es una habitación individual. El Sr. Bennet tiene una pésima reputación desde el primer día, cuando él le estaba gritando a su esposa y se fue a casa llorando y aparentemente muy frustrada por traer a su marido a la clínica de reposo.

Hoy el Sr. Bennet ha lanzado otro urinario a la asistente de enfermera que entró en su habitación y ahora está gritando obscenidades exigiendo volver a casa con su esposa. Él no quiere tomar sus medicamentos. Él siempre está alerta. La enfermera a cargo me pide a menudo a mí que trabaje con lo que otros auxiliares de enfermería consideran "los pacientes difíciles."

Tengo una manera de hablar con ellos que hace que sea más fácil para mí trabajar con ellos. Creo que lo aprendí de mi padre. Descubro que lo que ellos consideran los pacientes más difíciles suelen ser los más fáciles si se presta solo un poco de atención a ellos y utiliza el sentido común y el respeto. Mi padre siempre dice que respete a los ancianos y que trate a los demás como quiero ser tratado.

La primera vez que entro en la habitación de Jack noto a un hombre blanco alto que me recuerda inmediatamente al personaje principal de Indiana Jones, el Sr. Harrison Ford. Casualmente ofrezco un poco de hielo para su jarra de agua y el asiente en silencio observando todos mis movimientos, como si estuviera calculando y esperando que yo cometiera mi primer error para que el nuevo urinario vuele hacia mí, su arma favorita. Se puede decir que este hombre mayor a viajado mucho. Los cuadros en las paredes hacen que me pregunte cuántas historias tiene este hombre por compartir. Algunas de estas imágenes son de África, América del Sur y otros lugares con arena roja que todavía no puedo reconocer, pero que parece como un país árabe.

Los californianos parecen tener dificultades para entender y pronunciar mi nombre, así que digo a Jack que me puede llamar JB casualmente le muestro que nuestras iniciales son las mismas cuando recogía otro urinario que había lanzado contra la puerta, afortunadamente vacío.

Me he dado cuenta que su radio emite música clásica en voz baja. En silencio, cálculo si debería comenzar mi "trabajo" alrededor de los cuadros en la pared o desde su interesante música en su pequeña radio.

"¡Qué hermosa música!" "¿Qué es lo que usted está escuchando Sr. Bennet?" Yo digo, cada vez más cerca de su radio.

"Usted me puede llamar a Jack," dice.

Me siento al lado de su cama y le explico que mi abuelo tocaba el violonchelo y el violín. Le cuento cómo mi abuelo solía enseñar a los niños de una pequeña orquesta la música instrumental mexicana.

"Mi padre también toca diferentes instrumentos de cuerda en un mariachi." Le digo a Jack con orgullo.

"Vengo de una familia de músicos y estoy siempre interesado en aprender acerca de nueva música." Le digo y él parece más relajado e incluso más amigable, por ahora.

Sus ojos de él se vuelven más brillantes y poco a poco coloca sus fuertes manos sobre los carriles laterales de la cama para ponerse en pie usando su pierna buena. Él ha sufrido una caída y su cadera ha sido recientemente operada. Él también sufre de la enfermedad de Alzheimer y está empezando a olvidar las cosas. La cama se agita mientras se prepara para hablar de música. Él parece muy atlético para su edad. Jack se niega a vestir la bata de hospital y tiene un par de pantalones cortos color caqui y una camiseta blanca de mangas cortas.

Puedo ver que Jack ha estado practicando a utilizar su urinario por las manchas que hay en sus bonitos shorts. A medida que se instala en la cama, Jack pone sus manos sobre su estómago, todos los dedos de sus manos se encontraron como formando una cesta para proteger su vientre y sus grandes pulgares poco a poco empiezan a tocar rítmicamente. Él cierra los ojos y con calma me dice el año en que la canción fue escrita, el compositor e incluso la clave sobre la que se está reproduciendo la canción.

"Es la Suite No. 2 en Re menor de Bach," Jack dice estoicamente.

El me pide que preste atención y yo me acerco a la pequeña radio. Él realmente tiene las manos grandes, de hecho, tengo miedo de que me vaya a golpear si me acerco, pero mi instinto me dice que confié en él.

"Este es el tipo de música que realmente se necesita escuchar, presta atención."

Jack no sube el volumen de la radio, pero me pide que me acercarse a él. Él me advierte que la siguiente parte que viene es un "exquisito solo de violín." Sus ojos se llenan de lágrimas cuando el violín comienza a tocar una suave pero hermosa melodía.

Nuestras cabezas se inclinan hacia la radio, miro por la ventana para ver si alguno de mis compañeros de trabajo puede echar un vistazo, ya que no quiero ver volar un urinario por mi cabeza; ellos realmente burlarían de esta escena.

Jack me explica cómo recuerda su casa, sus viajes y

muchos buenos recuerdos con su amada esposa escuchando música clásica.

"Esta música fue escrita hace muchos, muchos años." Dijo Jack.

Él me dice que ha sido un instructor de música durante más de veinticinco años.

No hay necesidad de hacer más comentarios o preguntas adicionales alrededor de los cuadros en sus paredes. No en este día por lo menos. Se convierte en un placer trabajar con él después de este día. Jack me enseña la palabra "copacetic" cada vez que le pregunto si está bien en su habitación.

"Todo es copacetic." Dice él. Tengo que preguntarle lo que significa después de que noto a mí mismo usando esa palabra también. Esto significa que todo está bien.

Generalmente mis intervenciones tienen que ver con recordarle a utilizar la campana de llamada que está cerca de su cama, en lugar de gritar en voz alta. "¡Señor JB!" ÉL empieza a olvidar más a menudo conforme pasan los días.

ʊ

En un día de verano que parece más caliente que otros, todo el mundo parece estar tomando su siesta de la tarde en el rancho. Estoy aburrido. He estado viendo una *avispa* volando alrededor de la casa de mi abuela mientras estoy acostumbrándome a mi nueva *resortera*. Mi Papá Chuy está dormido y Mamá Yaya está cocinando un poco de arroz con azúcar morena y canela,

92

ya que es uno de los platillos favoritos de mi abuelo. La avispa se acerca a la puerta y luego se aleja como si se estuviera burlando de mí. Es una especie de insecto venenoso que pican y seguramente puede dejar una gran roncha donde pica. He encontrado su escondite muy arriba en un pequeño agujero en medio de un poste de hormigón hueco. Vuela lejos y entonces después de aproximadamente 1 minuto vuelve y se sienta del lado derecho del agujero, entra y vuelve a salir.

Papá Chuy me advirtió acerca de mantenerse alejado de estos insectos. Pero en este momento está dormido tengo una nueva resortera, así que subo por el *lienzo/*muro de piedra para acercarme. Soy una persona con un muy mal tiro, comienzo a disparar pequeñas rocas tratando de hacer que la avispa vaya al interior del pequeño agujero y sólo puedo golpear el poste. El poste hueco hace un ruido muy distinto cada vez que lo golpeó, como el ruido sube y baja, así que es una especie de diversión. En un momento dado, puedo ver a la avispa justo afuera del pequeño agujero que me mira. Me agacho para recoger otra piedra del suelo y en el preciso momento me levanto, ese insecto malvado vuela hacia abajo, rápido, directamente a mi ojo izquierdo.

¡Bum!

Inmediatamente puedo sentir un fuerte dolor, siento como pulsa y con cada latido del corazón el veneno hace su efecto. En verdad duele. Poco a poco me arrastro hacia abajo desde el muro, me aseguro de no caer. Camino cerca de la casa de mi abuela y con calma decido colgar la resortera alrededor de mi cuello como siempre lo hago cuando no la estoy usando. Me siento justo al lado de la puerta principal y me pongo a llorar. Un poco ruidoso. Mi abuela cree mi historia del niño inocente sentado en la puerta cuando este horrible insecto entró por la puerta y decidió picar mi ojo izquierdo. Mi abuelo me miró, sonrió un poco y volvió a la cama. La abuela se hizo cargo de mí.

ʊ

En California sigo trabajando en mejorar mi inglés. Sigo yendo a la escuela en mis días libres y sigo trabajando doble turno para ser capaz de pagar mi pequeña camioneta. Tengo la sensación de que podría hacer un poco de ejercicio, un día me decido a montar mi bicicleta al trabajo, a pesar de trabajar un turno doble. Después de trabajar dieciséis horas, voy en mi bicicleta de vuelta a casa. Me he dado cuenta de que un coche viene subiendo hacia mí con las luces brillantes, que era molesto, pero miro hacia abajo y sigo pedaleando. En la esquina de una señal de alto, el coche se detiene y espera a que yo gire a la derecha. Cuando giro a la derecha sin parar me doy cuenta de que es un coche de policía, la Policía de Capitola. El policía inmediatamente prende las luces más brillantes en la parte superior del coche y me pide que me detenga mientras el coche se estaciona a mi lado. El oficial de policía coloca las luces en mi cara y me pregunta desde el interior del coche.

"¿Qué crees que tú estás haciendo?" Él suena muy molesto.

Las luces brillantes me recuerdan el helicóptero volando sobre mí, cruzando la frontera de Tijuana. Mi corazón comienza a latir rápido. Le explico que voy a casa después del trabajo.

"¿Usted cree que realmente necesito esas luces en mi cara?" Le pregunto tranquilamente con mi inglés "mocho."

A este punto no podía ver la cara del oficial ni del coche. Todo estaba en silencio por un momento. Él podría estar de pie justo enfrente de mí. Trato de mirar de nuevo, pero la luz de las sirenas ahora me ciega y todo lo que veo es de color blanco. Tengo miedo de lo que el policía podría estar planeando. Ni siquiera estoy seguro de si es uno o dos agentes en el coche. Por alguna extraña razón, espero que haya dos oficiales en la patrulla. Espero que el otro agente esté tratando de convencerlo de detener el interrogatorio.

"¡No tienes una luz para tu bicicleta! ¿Tú no sabes que podrías causar un accidente?

Pienso en silencio, he visto muchas personas andar en bicicleta sin luces y no estoy seguro de que les hayan detenido e interrogado de esta manera.

"¡Baja de tu bicicleta y camina! ¡Si te veo de nuevo montando esta bicicleta sin luz, te la voy a confiscar y nunca la volverás a ver de nuevo!"

Con los ojos cerrados y mirando hacia abajo le digo que yo entiendo. Me toma otros cuarenta y cinco minutos para llegar a la casa. Yo estaba nervioso de que pudiera ser arrestado.

Un día Amador el conserje finalmente me convence para probar la cocaína. Un hombre corpulento con un bigote espeso, que se encuentra en medio de los pasillos y a diario se inclina en su trapeador, sus ojos de halcón

95

mirando a su próxima presa. Él se ha conseguido un par de mis amigos, otros asistentes de enfermería adictos a la cocaína. Hoy él ha dejado una línea en el lavabo dentro de la habitación en la que estoy trabajando con la señora Woebke. La señora Woebke es de Idaho y tiene un acento melódico cuando habla. Ella habla mucho de la agricultura y el rancho donde creció. Sus historias son divertidas y coloridas, otras señoras mayores se detienen mientras conducen sus sillas de ruedas por su habitación. Me siento cansado hoy y tengo curiosidad de probar el polvo blanco, ese conserje ha sido persistente. La señora Woebke habla de la recesión en la década de 1930 y cómo a veces en su familia todo lo que tenían para comer era patatas. Ella realmente es una de mis pacientes favoritas.

Nunca he consumido cocaína antes y esto es a la vez aterrador y emocionante. Decido probarla para que nadie me diga lo que se siente. Mi madre solía decirme que no tocara la nueva estufa de gas cuando era un chilpayate cuando ella me noto mirando la nueva estufa brillante y sus grandes llamas azules. Nosotros tuvimos una de petróleo antes y mi padre había comprado recientemente una nueva estufa de gas color blanco. Mi madre se sintió horrible cuando después de muchas advertencias de no tocar la estufa me quemé la mano. Yo tenía curiosidad de: ¿Qué tan cerca podría tener mi mano antes de que me empezara a quemar? ¿Qué tan caliente es el fuego real? ¿Por cuánto tiempo esta se quema? ¿Haría algún ruido cuando tocara mi piel? ¿El extremo rojo de la llama es más caliente que la llama azul? Mi padre también me advirtió una vez de no poner el dedo en el interior del cableado eléctrico mientras el cambiaba una bombilla. La descarga eléctrica me tiró hacia abajo de la escalera. Tenía curiosidad por qué me dijo que no hiciera eso. Amador me muestra cómo rodar un billete de un dólar e inhalar el polvo blanco brillante por la nariz. Espero no hacer nada demasiado estúpido. El gran Amador también dice que Julio y Enrique también lo están haciendo y que hacen su trabajo mucho más rápido. Por lo general, a mí me toma cuatro horas para terminar mis rondas por la mañana. En los días de ducha de la Sra. Woebke que no le gusta el agua de la regadera "demasiado caliente", ya que no quiere arrugas en su cara. Ella tiene ochenta y siete años de edad. Ella me hace estar de pie en la ducha para probar el agua hasta que simplemente esté perfecta - "no demasiado caliente o demasiado fría." Ella amablemente me apunta a la puerta cuando finalmente el agua está correcta. Da un silbido cuando ha acabado de ducharse. Cuando entro en la ducha de nuevo ella está bien cubierta con tres toallas blancas.

Mi corazón se acelera a la espera de su silbato. ¿Ella está tomando más de lo habitual?

Tengo una gran cantidad de energía y siento que podría estar corriendo muy rápido si estuviera jugando un partido de fútbol. Me he dado cuenta de la necesidad de tomar respiraciones profundas para que yo pudiera mantener la calma. Me siento invencible - como si pudiera derribar a Mike Tyson en un round. El sentimiento más fuerte se prolongó durante al menos veinte minutos. Hoy he terminado mi turno en sólo dos horas. La señora Woebke parecía tranquila, observando

97

mis ojos mientras trabajo muy rápidamente. Ella es generalmente muy platicadora conmigo. Me siento avergonzado de que ella note algo diferente; tal vez ella sabe lo que hice. Entro en una sensación de pánico y hasta paranoia después o incluso cuando el efecto de la droga estaba en lo más alto. A ella le encanta escuchar historias de mi abuelo y de las granjas en México donde se cultivaban el maíz, los mangos y las sandías. Hoy todo lo que puedo oír es mi corazón latiendo muy rápido. No creo que vuelva a hacer esa mierda de nuevo, a pesar de que se sentía bien. Bueno, al menos no cuando estoy llevando a la gente a la cama para revisar si sus sábanas están sucias, cambiar los pañales sucios o dar duchas a señoras mayores dulces que me recuerdan a mi abuelita.

Un día fatídico, me llaman de la oficina y Sandy la secretaria me pide hablar con alguien por teléfono, ella dice es un agente de inmigración. Me pongo muy nervioso. Ha habido mucho ruido en California acerca de lo que ellos llaman "emigrantes ilegales." Él me pregunta ¿Cómo es que yo obtuve un número de seguro social? Puedo sentir como mi sangre se me baja hasta mis tenis blancos. Sé que no le gustara mi verdad. Conseguí mi tarjeta de seguro social y mi tarjeta verde por cincuenta dólares en el barrio de Beach Flats. Podría tratar de explicar realmente el que tengo que trabajar para enviar dinero a mis padres en México, mi sueño de conocer a mi chica de California. La secretaria generalmente es muy agradable, pero hoy me mira con frialdad directamente a los ojos mientras me aferro al teléfono y trato de fingir una sonrisa. Trato de hacer una historia improvisada con sentido, así como un músico novato improvisa por primera vez cuando le falta una cuerda en su instrumento.

Alguien llamó a la oficina de inmigración y les dijo que había varios hombres que trabajan en este lugar *sin papeles*. Realmente no esperaba tal entrevista por teléfono. Yo estaba ayudando a un paciente en la alimentación de su desayuno cuando me llamaron. Por un momento soñé que tal vez la razón por la que me estaban llamando era para darme un aumento. Le di el teléfono a la secretaria y me salí de la oficina. Cinco minutos más tarde me llaman a mí para recoger un cheque escrito a mano y me dicen que ya no puedo trabajar allí por más tiempo. Lloro mientras camino hacia afuera por el estacionamiento. Alrededor de unos ocho de nosotros fueron despedidos por la misma razón; algunos de mis amigos tienen hijos. No he tenido la oportunidad de decir adiós a mis amigos adultos en la clínica de convalecencia. Me siento avergonzado de que se enteraran de que no tengo permiso para trabajar en los Estados Unidos. Me pregunto si estarán enojados y se sentirán engañados. La palabra se desplaza a las demás clínicas de convalecencia de Santa Cruz, y hay rumores de que incluso tienen una lista con nuestros nombres, así que conseguir un trabajo en uno de estos lugares ahora será un buen reto.

ʊ

La madre de mi papa, mamá Yaya, tiene una estufa de leña y ella tiene que levantarse muy temprano para conseguir que la estufa trabaje. Me encanta el olor de la

99

madera especialmente en la mañana, ya que combina con el olor del *nixtamal* (granos de maíz que está listo para ser molido en masa). Ella hace tortillas frescas cada mañana. Mi abuela materna, Nina Juana, es una de las cinco personas en el rancho de tienen un refrigerador, ya que el tío Cuco envía su dinero desde el otro lado. El Tío Cuco se fue a Los Ángeles cuando él era muy joven; él viene al menos una vez al año con buena ropa y regalos para sus padres y hermanas. Realmente lo admiro. Mamá Yaya me manda a comprar hielo con Nina Juana para hacer *agua fresca* – ¡limonada! Ella necesita el hielo para enfriarla. Nina Juana nunca toma el dinero, así que lo guardo para mis galletas y mi *Fanta* en la tarde, cuando me encuentro con mis amigos en la plaza. Nina Juana tiene una estufa de gas, la misma que la que mi madre tiene en Guadalajara. Nunca pretendo elegir entre mis abuelas, pero me quedo la mayor parte del tiempo con mamá Yaya. Creo que una de las razones es la estufa de leña y el calor que trae a la casa. Cuando ella sale a la calle y recoge la madera del patio grande, yo trato de ayudarla, pero es difícil saber qué madera es buena para quemarla. A veces mamá Yaya va y recoge la madera del arroyo que está debajo de la gran montaña. Al gran patio trasero le llaman *"El Corral."*

Cada verano que llego de Guadalajara a Apulco, lo primero que hago cuando me bajo del autobús, es respirar profundo y oler el fresco aire de este pequeño pueblo que llena mis pulmones. Me siento bien de estar aquí. Miro a mi alrededor para ver si hay alguien que conocí el año pasado y está alrededor para asegurarme de que me vean llegar con mi equipaje y todo, como un buen turista. Camino dos minutos a la casa de Nina

Juana, dejo mi equipaje afuera de la puerta, la saludo, soy educado durante unos quince minutos y luego le hago saber que voy a ir a quedarme con mi otra abuela. Mi madre siempre me cuestiona, pero nunca puedo encontrar las palabras adecuadas para decirle que no me gusta la sensación de estar en la casa de su madre, mi otra abuelita.

La hermana pequeña de mi padre, ella parece estar en edad de casarse, pero mi padre me dice que sufrió un accidente y ella "no es capaz de pensar con claridad." Entre la tía Socorro y mi abuela, ellas me consienten hasta la muerte. A veces, cuando quiero comer pollo, me piden que elija entre los pollos que se encuentran en el patio trasero debajo del árbol de mezquite. Me siento un poco mal de tomar la decisión de qué animal morirá hoy, pero la sopa siempre es muy deliciosa cuando la abuela se pone a cocinar. El primer día de cada verano, me aseguro de tener una resortera para el año. La Tía siempre me lleva a la tienda de Chávez y me compra mi refresco con mi pan como a mi abuelo, el Papá Chuy.

Mi abuela me ha comprado un par de nuevos huaraches que son hermosos y frescos. Los consiguió en la tienda de los Galindo justo al lado de la plaza. Los huaraches cuelgan justo al lado de los sombreros y las resorteras, muy bien en el aparador. Son muy caros pero le aseguro a mi abuela que voy a pagarle. Mi padre me ha dado permiso para trabajar, aunque solo tengo diez años; dijo que él comenzó cuando tenía ocho años de edad. Me pongo los huaraches de cuero en la noche del domingo que voy a hablar con los chicos, en nuestro lugar de reunión habitual en la plaza. Ellos siempre se reúnen en el centro justo al lado

101

del *kiosko,* para burlarse de todo, de cualquier cosa y cualquier persona que pasa. Cada vez que pasa un coche o cualquier persona caminando, todo el mundo deja de hablar y miran fijamente hasta que se han ido, entonces la conversación continúa. Todavía tengo dificultades para acostumbrarme a sus maneras de bromear en torno a los otros y de pasar de un tema a otro. El salir con estos chicos de alguna manera me hace sentir un poco de confianza. Esta noche con orgullo le digo a mi amigo La Gualacha y los dos hermanos gemelos de que voy a empezar a trabajar en el campo este año.

"¡Ja, ja, ja, ja!"

"¡Sólo vas a durar una hora!"

"Vas a llorar y pedir regresar a Guadalajara, chico de ciudad."

El nuevo tema de conversación se encuentra sobre la mesa para que puedan masticarlo durante un tiempo. Después de una media hora de utilizar este tema como broma, finalmente vuelven a mí y me preguntan con quién voy a trabajar. Les digo que con mi tío Chon, el hermano de mi abuelo. Ellos explican que lo bueno de trabajar con él es que le gusta tomar siestas justo después de comer "como en los viejos tiempos", dicen. Ellos me aconsejan que lleve mi resortera para que cuando se quede dormido después del almuerzo pueda ir a cazar iguanas y aves.

Pues me voy a trabajar el lunes a las 7:00 de la mañana y el sol está saliendo. Mi tío me permite montar una mula. Yo cabalgo esta mula todo el camino a los campos en algún lugar en medio de las montañas. A pesar de que es una mula, para mi estoy montando un caballo, al igual que todos los adultos y los niños de

Apulco. El trayecto es de unos treinta minutos. Mi tío entonces desata nuestros "caballos" y cuelga una especie de madera y metal oxidado en la parte superior de ellos para empezar a arar las líneas en el campo. Él me da una bolsa llena de maíz y me dice que deje caer tres semillas de maíz en cada paso detrás de él, siguiendo la *yunta*. Cuando mi tío y los caballos comienzan a dibujar líneas, me comienzo a sentir ansioso, caminando detrás. Comienzo a preocuparme por la forma en que estoy lanzando las semillas en el suelo, empiezo a hacer preguntas,

"¿Lo estoy haciendo bien? ¿Está bien tío?"

"¡No te preocupes!" Me dice mi tío, él es tranquilo y viejo. Habla poco y trabaja muy duro.

"Lo estás bien haciendo muy bien."

Mis nuevos huaraches envejecen muy rápido porque en algunas partes de la tierra está húmeda y se me hacen como unos zapatos de tacón alto que a veces se siente como si pesaran toneladas. Pero la mayor parte del tiempo la tierra es realmente cálida y veo el vapor que sale de ella cuando los caballos pasan por ahí, con sonidos tintineantes de los metales oxidados colgando de la espalda de los animales, arando lentamente girando el suelo oscuro de adentro hacia afuera con cada línea nueva.

Nosotros nos detenemos para almorzar al mediodía. Mi abuela camina desde su casa para llevar el almuerzo como solía hacerlo con Papá Chuy cuando trabajaba en el campo. Sólo que esta vez trae el almuerzo para mí. Estoy realmente sorprendido por la gran distancia que camina y por el momento en el que ella llega con la comida sigue siendo agradable y cariñosa. Ella lo tiene todo calculado a cada minuto. Ella trajo las tortillas caseras hechas a mano con frijoles refritos. Una botella de vidrio de *Coca-Cola* llena de café con un maíz usado como una tapadera. Mi tío Chon inicia una pequeña fogata, agarra algunos nopales frescos. Rápidamente los pela y los corta, asandolos en el fuego. En Guadalajara no me gusta comer nopales pero aquí en medio de la montaña, en mi primer trabajo tienen un sabor muy bueno. Hoy, después de trabajar toda la mañana, todo sabe muy delicioso.

Después del almuerzo mi tío toma su siesta, pero en lugar de cazar aves o iguanas me pongo a practicar tirando con mi resortera hacia el tronco de los árboles. Entonces él se despierta con un sobresalto, y se pone en marcha de nuevo. No entiendo de dónde saca la energía, la fuerza para guiar a la mula y el caballo, mientras sigue arando y cava una profunda línea en el suelo. Muchas líneas rectas largas talladas perfectamente en ese rico suelo café oscuro. Es realmente una imagen hermosa. El anciano, tirando y empujando a los caballos a medida que la tarde va llegando y todo se vuelve más y más oscuro. Él se mantiene fuerte, todavía lleno de energía, dibujando bellamente cada línea con el sudor que sale de debajo de su sombrero. A veces se detiene y se pone un pañuelo blanco para secar su sudor, rápidamente vuelve a su trabajo. Mis huaraches nuevos están en algún lugar detrás y ahora estoy descalzo al igual que los otros niños en Apulco. Mientras lo sigo, la tierra parece siempre tibia. Puedo oler el sudor de los caballos. De alguna manera esto me alivia como una medicina calmante. Dejo de preguntarme si estoy haciéndolo bien y me siento relajado. Al final de mi primer día me siento confiado y seguro de que estoy haciendo bien mi trabajo. El primer día de trabajo es emocionante. Todo es nuevo e intenso; montar a caballo, ver el hermoso amanecer, el trazado de líneas todo el día escuchando a las palomas que cantan las últimas melodías del día y los grillos de comienzan a hacer música en la noche mientras nos dirigimos de vuelta a casa cansados. Me encanta oler la leña cuando nos acercamos a Apulco, como si nos diera la bienvenida. Puedo ver las humildes casitas con sus techos de tejas rojas desde la montaña. Me he dado cuenta de que la mayoría de las casas están pintadas de blanco. El trabajar en el campo me entero de que es un trabajo de todo el día. La gente nos saluda mientras vamos pasando "Adiós", ellos dicen. Puedo escucharlos hablar sobre nosotros a medida que pasamos.

"Es el hijo de Petra"

Al tercer día de mi nuevo trabajo, quiero renunciar.

Esa noche le digo a Mama Yaya cómo los huaraches se ponen tan ásperos y pesados con el barro seco. Los huaraches se convierten en unos enormes monstruos en mis pies.

El sol aparece la mañana siguiente. Los gallos comienzan a cantar. El olor del fuego que inicia y Mamá Yaya trabajando en su cocina rústica me despierta. También puedo oler el café. Mi abuela me permite beber café; ella pone mucha azúcar en el suyo. Mi plan esta mañana es decirle a mi abuela que estoy enfermo y no puede trabajar. Esto siempre me ayuda y sé que hoy no será la excepción. La oigo golpear el suelo con algo suave. Yo escucho raspar y golpear algo en el suelo de nuevo. Luego ella se acerca a mi cama y me pide que me levante.

"Pero abuela, estoy enfermo." ¡Tos! ¡Tos! Ella regresa a la cocina. ¿Qué estará planeando? Ella no dice nada.

Puedo ver que el sol entra a través de las viejas tejas de arcilla roja en el techo. Me pregunto cómo la luz se abre paso adentro de la casa, pero no la lluvia. No puedo ver mis huaraches, tal vez tomaron vida y se fueron de nuevo a ese lugar horrible al que pertenecían, todos sucios y llenos de barro negro seco. Es otro hermoso día soleado. Tal vez pueda ir al río y nadar con mi primo Tino. Nosotros podríamos saltar sobre las rocas más grandes por el río; visitar a mi otro abuelo en la granja de mangos. ¿Tal vez Tino también está trabajando?

Pero Mamá Yaya no está convencida de mi enfermedad.

Yo insisto. "No puedo trabajar más porque ya no puedo tolerar esos viejos y ásperos huaraches. Me salen ampollas a mis pies." Trato de buscar ampollas en mis pies, pero sin suerte. Por ahora estoy sentado en la cocina. Me he dado cuenta de que hay un montón de barro cerca de la estufa de leña, donde la abuela cocina todo. Mi Abuela levanta los huaraches del *comal* con un palo. El comal es donde se colocan las tortillas para cocinar. No sabía que también podría ser utilizado para calentar huaraches.

"Toma mijo, los limpié y los calenté para ti, están comodos y suaves de nuevo."

Ella me entrega los huaraches con sus manitas arrugadas. Cuando los veo ahora suaves y limpios, no tengo nada que decir. Yo siento ese calor en los pies. Mi estómago siente una extraña oleada de emociones que a pesar de que siento felicidad también me hace sentir ganas de llorar. Soy capaz de aguantarme de nuevo, como todos sabemos, se supone que los niños no lloran. Doy un paso fuera de la casa para esperar al tío Chon, listo para volver a trabajar. Sentado en la mula camino al trabajo trato de recordar si le di las gracias a Mamá Yaya mientras observo mis limpios huaraches.

Cada día usamos los mismos animales que montamos para arar también - mi tío monta un hermoso caballo negro alto y monto una hermosa mula también, pero más pequeña y de color marrón. Nosotros les retiramos las monturas y colocamos todos los metales necesarios para arar. Es como ponerles uniformes nuevos a los animales. El Tío Chon comienza cada día gritando a los caballos,

"¡Ooohh!"

"¡Ooohh!"

Él hace ruidos como una pequeña ardilla, "tst..tst ... tst tst ...." Es como si les estuviera cantando a los caballos. Su voz de él es tranquila, pero al mismo tiempo amenazante y fuerte, nos anima y nos guía a lo largo del día con su voz. Él parece muy experimentado en hacer esto. Durante muchas generaciones las personas de Apulco vivieron de su cosecha anual de maíz, chiles, calabaza y pepinillos. Las personas rezan por una buena lluvia y buenas cosechas. Mi tío puede decir cuál será el clima al oler el viento y ver el color de las nubes, podría decirme a qué hora va a llover el día siguiente. Me sorprende que sea muy preciso con sus predicciones.

Yo estoy orgulloso de los primeros $400.00 pesos que gane por trabajar cuatro días de la semana. He planeado pagar a la abuela de vuelta lo de los huaraches y darle algo de dinero para mis padres y ahorrar algo para mí. Me gasté el dinero ese fin de semana cuando la feria visita el rancho, jugando todo tipo de juegos y comprando refrescos y pan. Mi madre siempre dice que la intención es lo que vale. A medida que pasan los días empiezo a ver los resultados de nuestros esfuerzos brotando desde el suelo, al pasar por cada área que hemos trabajado en las últimas semanas. Una por una, cada pequeña planta verde comienza a hacer su salida desde el suelo barroso. Se ven como tres líneas muy delgadas verdes. Cada una de ellas ha venido de mi mano como una semilla. Cada una de estas pequeñas plantas se supone que crecerá y dará comida que algún día será servida a alguien, o incluso en la casa de mi abuela. Yo me paseo en la mula marrón viendo poco a poco varias hectáreas de pequeñas plantas de maíz, tan verdes y brillantes cubiertas con el rocío cada mañana que llegamos.

Cada día que volvemos a trabajar veo el *maíz* crecer y no puedo evitar sentirme muy orgulloso de mi trabajo.

ʊ

Perder mi trabajo en la clínica de convalecencia me ha marcado como un "extranjero ilegal." Siento que he perdido un trozo de auto-respeto ahora por ser adicto a la cocaína. El próximo mes de septiembre cumpliré 21 años. Me mudo a una casa con algunos chicos de Guanajuato. Una noche, mientras entro en la casa veo varias líneas de cocaína en la mesa de centro como aperitivos inocentes. Me siento en el sofá alrededor de la mesa de cristal con muchas líneas de polvo blanco y vemos las noticias en la televisión con mis compañeros de la casa. Los Estados Unidos han estado en guerra desde enero. Lo llaman "La Guerra del Golfo." Esta es la primera vez que estoy en un país que está comprometido en una guerra, y eso me pone nervioso. Cambio de canal para ver vídeos musicales. *Metallica* acaba de lanzar el disco llamado *The Black Album*. Inhalo al menos dos líneas de cocaína y noto el tema de la canción *Enter Sandman*. En el video veo a un niño bajo el agua tratando de encontrar la salida, patalea desesperadamente tratando de salir a la superficie. En otra escena este niño está en la cama durmiendo y teniendo una pesadilla. Las imágenes rápidas muestran cómo cae del cielo como sucede a menudo en mis últimos sueños. A principios de semana, incluso vi cosas que nadie podía ver fuera de la ventana. Habíamos mezclado cerveza, cocaína y marihuana. Mi padre estaba de pie frente a mí mirándome, y me sentí muy avergonzado. Un amigo mayor Enrique, me dijo que lo seguía llamando "papá." Estaba mirando hacia abajo para pedirle que me perdone. Estaba experimentando alucinaciones visuales. Mi amigo Enrique tiene un bigote que se asemeja al de mi padre.

Pero esta noche, siento que tal vez he tenido suficiente. El resto de los chicos continúan bebiendo e inhalando cocaína en la sala de estar y ahora están viendo videos musicales en español. Los oigo murmurar diciendo cómo no me puedo controlar cuando veo ese polvo blanco.

En mis últimos sueños, soy mágicamente capaz de saltar tan alto que entro en pánico y sin saber cómo voy a aterrizar, me veo volando en el aire sin control y asustado por mi vida. Durante estos saltos de altura, puedo ver las copas de los árboles y tejados, mientras que rápidamente miro a mi alrededor tratando de encontrar por dónde aterrizar con seguridad. Mi mente corre entre las imágenes del video, mis sueños, la actual guerra, mi adicción, y mi sentimiento de vergüenza. Que terrible si mi familia se entera que ahora soy un adicto. Me siento triste. He decepcionado a mis hermanos y hermanas. Tengo miedo.

En el video se acerca un gran camión y el niño empieza a correr mientras el gran camión lo persigue. Siento que este camión representa las decisiones equivocadas que he tomado, y este gran camión está viniendo rápidamente a aplastarme. Me recuerda a mi padre, que me golpea con su cinturón y me da un castigo cuando realmente cometo un gran error. Tal vez eso es lo que necesito para volver a la razón. Siento que tomé un mal camino en mi viaje, un camino siniestro y oscuro. Me asusta lo rápido que mi corazón está bombeando.

Voy a mi habitación para intentar dormir, pero no puedo, poco a poco me levanto de la cama, caigo de rodillas llorando y comienzo a rezar a mi abuelo Papá Chuy para que me ayude.

Mis padres me enseñaron que siempre se puede confiar en nuestros "ángeles." He hecho mi ángel a mi abuelo el músico, "Papá Chuy." La música ha sido nuestra manera de conectarnos, pero creo que él no entendería la música de *Metallica*. Le prometo a Papá

Chuy que voy a dejar de hacerlo si se me permite vivir una noche más. Sé que es un hecho que está aquí escuchándome. Pienso en cómo mi padre no me permitía venir a los Estados Unidos antes de cumplir dieciocho años porque sentía que no sería capaz de lograrlo, ahora creo que tenía razón.

Para ayudarme a evitar el uso de la cocaína, continuó trabajando en una gasolinera y en el Carl's Jr. asisto a las clases de educación para adultos en Harbor High durante la noche para mejorar mi inglés. Siento que mi relación con mi novia no es saludable por decirlo así. Sin embargo, ella me ayuda mucho a superar lo de mi adicción. Si no fuera por la verdadera preocupación que me ha demostrado yo habría continuado inhalando cocaína. Intente inhalar cocaína a sus espaldas una vez dentro del coche, cuando ella me descubrió comenzó a llorar como si alguien hubiera muerto. Eso me llegó al corazón. Me encuentro a menudo diciéndole que no estoy listo para una relación seria y que me gustaría conocer gente nueva y sobre todo que no estoy dispuesto a casarme o vivir juntos. Ella todavía está a mí alrededor y, a veces me pongo a abusar de su confianza. Por un tiempo terminamos y luego regresamos. Comienzo a salir con otras chicas a pesar de que nosotros todavía estamos en una relación. Sin embargo, me doy cuenta de cierta sensación de seguridad que me da al tener una novia estable. Todavía tengo mi nueva camioneta Nissan con buenas llantas. Pienso en mi padre y como era mujeriego. Racionalizo mis acciones con el hecho de que no estoy casado todavía.

Me digo a mi mismo, "yo no estaría haciendo esto si estuviera casado."

111

ʊ

Sólo hay un canal de televisión en Apulco; Canal 13, que es algún tipo de canal educativo. ¿Qué niño normal disfruta viendo las noticias y los programas sobre la agricultura? ¡Eso es muy aburrido! Echo de menos la televisión de Guadalajara, como cuando un drogadicto pierde su dosis. Entro en la sala con piso de tierra en la casa de mamá Yaya como un zombi y enciendo la televisión y la miró fijamente, buscando alrededor de los canales con la esperanza de que un gran milagro haya ocurrido y "boom" tal vez un nuevo canal fue creado. Tal vez alguien colocó una antena enorme lo suficientemente cerca de la ciudad y esto afectó a los canales.

¡No!

Mi abuela siempre me dice,

"Nosotros tenemos un solo canal, mijo."

En cualquier caso, a veces lo hago tres veces al día, haciendo que la rueda con doce números vaya haciendo los mismos sonidos, toc-toc-toc. Lo hago tal vez cuatro veces al día, seis o siete veces los domingos. Nunca funciona. En Guadalajara veo caricaturas como los Picapiedra, Los Supersónicos, Superman, Spiderman y una serie de programas que se traducen en español provenientes de los shows en los Estados Unidos. En Apulco algunos días son muy aburridos, terribles, solitarios sin la caja mágica.

Cuando no hay televisión me veo obligado a salir e interactuar con la naturaleza, a crear cosas para divertirme. Realmente extraño los canales que puedo ver en la ciudad. La televisión me presentó a los Dukes de Hazzard. Me gusta mucho ver a Daisy Duke y sus pantalones cortos. Me gusta ver Los Muppets y muchos otros programas estadounidenses.

El único programa mexicano que mi familia nunca se pierde es *Chespirito* que tiene una tendencia a hacernos reír, pero también suele hacernos llorar. *Chespirito* tiene diferentes personajes, y cada personaje tiene cuentos cada semana. El que más nos gusta es *El Chavo del Ocho*. Este niño vive en un barrio muy pobre; su casa es un barril de madera vacío. Al parecer es un huérfano. Él tiene un par de amigos que, como a cualquier niño, a veces le dan la espalda. De alguna manera siempre consigue que las cosas sigan su camino, a pesar de que es pobre; siempre enfrenta los problemas cotidianos por su cuenta, siempre parece burlar a sus amigos del barrio.

El programa es esperanzador y me hace apreciar lo poco que tenemos, como mis padres y una humilde casa y por suerte no un barril de madera como casa, así como el Chavo.

Otro de los personajes de su programa se llama *El Chapulín Colorado*. Este tipo es la competencia para *Superman, Batman* y cualquier otro superhéroe de cualquier país.

El Chapulín Colorado es nuestro superhéroe mexicano. Él es el más noble, el más chaparro y el chico más temeroso de entrar en acción. Él tiene un traje muy chistoso color rojo con unas antenas amarillas en la cabeza que comienzan a sonar cuando el "peligro se acerca." Él tiene el corazón más grande y todos esos dichos especiales que son tan contagiosos. "¡No contaban con mi astucia!" "¡Síganme los buenos!

℧

Me doy cuenta de que mis llamadas telefónicas a Guadalajara son cada vez menos frecuentes. Cada vez que llamo me siento culpable, sólo quiero volver a México para estar con mi madre, quien parece estar muy enferma. Le llamó, emocionado porque encontré un trabajo y ella empieza a toser incontrolablemente diciendo que ha estado muy enferma. Yo le digo que voy a la escuela y ella le grita a mis hermanos para asegurarse de que recojan sus platos después de comer, y entonces luego regresa a nuestra llamada de teléfono para decirme de nuevo que está muy enferma.

Sigo con mi relación con Mariela encendida y apagada. Me siento en deuda con ella por sostener mi mano y hablar conmigo mientras me estoy recuperando de la adicción, con su preocupación, con sus lágrimas y amor. Ambos tenemos veinte años de edad; soy sólo cuatro meses mayor que ella. No dejo de explicarle y racionalizando en que yo no estoy listo para un compromiso serio, sin embargo, ella sigue estando cerca de mí.

Empiezo a actuar de una manera que pienso cualquier chica me echaría de su vida. Cuando

114

caminamos en el centro comercial me quedo mirando a otras chicas bonitas y ella finge no darse cuenta. Yo no tomo su mano y, a veces la ignoro totalmente.

Todavía estoy saliendo con Mariela cuando por fin me encuentro con una chica rubia. Ella es divertida y aventurera como en las películas que vi en México, pero le gusta fumar hierba. Un día, ella trata de obtener dinero de mí diciendo que está embarazada. Ella quiere quinientos dólares para tener un aborto. Le digo que no creo en el aborto y vamos a tener el bebé. Ella se pone muy enojada y me deja ahí de pie. Nunca la volví a ver. Más tarde, la policía vino a buscarme para hacerme unas preguntas sobre ella. ¿Dónde vive? ¿Dónde la pueden encontrar? ¿Que si ella está en mi casa? Le digo a la policía que no la he visto desde que dijo que iba a tener a mi bebé. Más tarde me entero de que ha tomado dinero de sus amigos y se fue, aparentemente fuera de la ciudad. Su amiga le dijo a la policía que yo era "uno de sus novios." El oficial de la policía parece perder interés en mí como sospechoso de robar el dinero cuando le digo que trabajo en dos empleos diferentes. Yo podría ser un mujeriego, pero no un ladrón.

Conozco a otra chica rubia llamada Tracy. Ella pasa horas mirándose en el espejo, poniéndose maquillaje y siempre preguntando si creo que ella se ve bonita. Ella realmente es muy bonita, pero ella no parece que le importe mucho alguna otra cosa más que ponerse maquillaje e ir conmigo a su casa para "estar solos." Realmente creo que no nos conducirá a algo serio. Ella es alta, tiene ojos azules hermosos y el pelo largo y rubio. Tracy no tiene un padre, y su madre trabaja todo el día. Manejo hasta su casa y nos quedamos solos durante horas.

A veces Tracy llega a la estación de servicio donde yo trabajo. Allí conoce a algunos de mis amigos que trabajan en el restaurante Carpos enfrente de la gasolinera. El propietario de este restaurante tiene muchos coches clásicos hermosos. Realmente lo admiro y creo que algún día voy a tener un negocio y éxito al igual que él. Tracy comienza a hacerme preguntas sutiles sobre mi amigo Miguel que me pareció interesante, ya que Miguel parece ser muy popular con las chicas. Unos días más tarde tengo que ir al médico y recibir tratamiento contra los piojos púbicos, más tarde descubro que mi amigo Miguel también tiene el mismo problema. La idea de tener una novia rubia no está funcionando muy bien para mí.

Finalmente, un día Mariela parece estar dispuesta a dejarme después de encontrar en mi camioneta un cepillo con cabellos rubios, ella lo arroja por la ventana. Ella no dice nada, pero en este momento tuve la sensación de que yo tenía que tomar una decisión. Decido mudarme con ella, ya que parece ser *la costumbre* aquí en California. Pero mis padres en México aún no lo saben ya que sería algo inaceptable en nuestra religión. Me he convencido a mí mismo de que ahora ya estoy en California y está todo bien. Mi madre me dice que ha escuchado rumores de que ya vivo con una mujer, y yo lo niego.

Todavía voy a la escuela y trabajo en la gasolinera y una clínica de convalecencia.

Recuerdo haber tenido una discusión con mi hermano menor Chuy sobre cómo él no parecía aprender la lección de respetar el consumo de alcohol por ver a

116

nuestro padre abusar del alcohol durante tanto tiempo. Me pregunto si lo mujeriego podría ser adquirido de igual forma y también me pregunto si no aprendí la lección viendo a mi madre sufrir las tendencias de mi padre hacia las mujeres. Siento como los dos tanto mi hermano como yo heredamos diferentes cosas de nuestro padre.

Algunos días de trabajo en el mostrador de la gasolinera soy capaz de observar a la gente caminar mientras medito. Las familias vienen al restaurante Carpos en buenos carros. Pienso en mi familia en México y cómo mi padre nos llevaba a comer a veces en su Volkswagen escarabajo. La mayoría de los trabajadores de Carpos ahora son mis amigos. Algunos de ellos trabajan muchas horas y parece que no pueden salir adelante. Hay tres hermanos que trabajan en el restaurante, son del estado de Jalisco de un pueblo llamado Yahualica. Su apellido es Vargas como el apellido de mi madre. Yo los llamo los "primos." Pude conseguirle a Miguel, uno de los hermanos, un trabajo en la gasolinera, por lo que ahora también tiene dos empleos como yo.

ʊ

Cuando celebro mi cumpleaños número catorce en Guadalajara una nueva chica se muda al lado de nuestra casa. Su nombre es Mercedes. Ella es mi primer amor. No creo que a mis padres les agrado Mercedes y tampoco sus padres de ella. Su padrastro es un consumidor de drogas y su madre lleva lo que mi madre llama vestidos muy diminutos. Su madre también tiene los pechos muy grandes, que parece orgullosa de mostrar. Mercedes se parece mucho a su madre. Bueno, la chica nueva en el barrio parece de la edad adecuada para mí. Nosotros empezamos a hablar a las espaldas de nuestros padres, esto lo hace más emocionante. Con el tiempo, de alguna manera se enteran que estamos saliendo. Lo notable sucedió una noche mientras caminaba con Mercedes a la tienda cerca de nuestra casa; su pequeña sobrina estaba caminando con nosotros. Nosotros pensamos que podríamos darnos un pequeño beso sin que la sobrina lo notara mientras caminábamos de regreso de la tienda.

Ese pequeño beso marcaría el final de mi primer amor. La madre de Mercedes estaba el día siguiente en mi casa gritando que tenía que respetar a su hija y haciendo una gran escena por nada; bueno, eso es lo que yo pensé.

"Estabas besando a mi hija en "una esquina" como si fuera una cualquiera."

Mi padre me pregunta acerca de lo que pasó y yo le explico muy calmado. Mi padre habla de nuevo con la señora diciéndole que no he hecho nada para ofender a su hija, ya que yo no la había obligado a hacer algo contra su voluntad. Fue el comienzo de la primavera, cuando esto sucedió. Me pidieron que me mantuviera alejado de estas personas, sintiéndome con el corazón roto, yo cantaba con la radio canciones muy románticas del grupo "Los Terrícolas." Canto tan fuerte que estoy seguro de que Mercedes puede oírme hasta el otro lado.

Este verano en contra de mi voluntad, por primera vez soy enviado a Apulco. ¡Gracias Papá!

ʊ

Fue aquí durante mi trabajo en la gasolinera que conocí a Miguel. Miguel llegó de México hace poco y parecía como cualquier otro joven de un pequeño pueblo en México, muy respetuoso, humilde y tímido. Yo podía verlo entrar en el trabajo con sus manos en los bolsillos y mirando hacia abajo, de fácil sonrisa y siempre dispuesto a tener una conversación. Ahora viéndolo a él venir a trabajar en la gasolinera noto que Miguel ha cambiado su forma de vestir e incluso la forma en que camina, con algún tipo de ritmo o cojera y su cara mirando hacia arriba, de alguna manera desafiante y con la mano izquierda en el bolsillo. Ha empezado a vestirse como un cholo, más específicamente como un pandillero Sureño llevando grandes camisas azules. Yo ya había visto suceder esto antes, pero en este caso yo siento que lo vi suceder delante de mis ojos.

Este es el Miguel que ha atraído a Tracy, pero me resulta triste ver cómo la vida en el norte está afectando a este joven. Descansando mi cara en mis manos y con mis codos en el mostrador mirando para afuera me cuestiono, ¿cómo estar aquí me ha cambiado? ¿Yo también ahora camino diferente? ¿A quién podría preguntarle? ¿He cambiado mis costumbres? Las sonrisas de Miguel comienzan a ser tan raras como ver a un pájaro exótico

119

en un parque. En un momento, él sólo se puso serio y tranquilo. Él dejó de hablar con la mayoría de sus amigos en el restaurante. Todo esto se vuelve aún peor cuando compra un coche viejo Low Rider, e incluso consigue un buen trabajo de pintura sobre el carro con un guerrero azteca en la parte delantera. Su cabello ahora es muy resbaladizo y peinado hacia atrás. Él llega a ser popular con la gente equivocada muy rápidamente. Finalmente él es despedido por faltar al trabajo tantos días. Él ya no necesita trabajo. Nosotros oímos que Mike ahora está vendiendo drogas en el barrio de Beach Flats.

A veces las personas llegan a la estación de servicio y me hablan de sus problemas, casi como si fuera parte de conseguir su gasolina. Me gusta escuchar en silencio. Me recuerda cómo mis amigos en mi barrio hablaban conmigo sobre sus problemas con sus novios o novias. Esto también me recuerda a los pacientes "difíciles" en la clínica de convalecencia.

Las personas van y pagan por el gas con dinero en efectivo o tarjetas de crédito, $1.99 el galón. Los cigarrillos Marlboro son muy populares y cuestan $ 2.00, así también, con impuestos incluidos. Esto es un hábito caro. Un centenar de diferentes marcas de cigarrillos están perfectamente organizadas detrás de mí cuando saludo a la gente con mi camisa Exxon portando mi nombre en ella. Hay una nueva bebida llamada Snapple que parece ser cada vez más popular. Yo bromeo con mi compañero Alex, lo llamo el Cachanilla ya que es como llamamos a una persona de Mexicali. Él me devuelve el insulto llamándome, Jalisquillo, una persona de Jalisco.

Cachanilla me asegura que en un futuro próximo las gasolineras tendrán bombas de gas donde se puede pagar directamente en la bomba con sus tarjetas de crédito y que todo el mundo será capaz de pagar uno de esos costosos teléfonos celulares. Nosotros salimos y examinamos las bombas de gas. "¿Cómo diablos ellos van a poner una máquina de tarjetas de crédito dentro de estas viejas bombas?" Cachanilla me pregunta. "¿Qué vamos a hacer entonces nosotros, Jalisquillo?" "Cuando eso pase, Cachanilla, ya no vamos a Trabajar aquí", yo le contestó. La estación de servicio es propiedad de una pareja de hermanos de Irán, Ken y Tom Ajir. Alex me pide que le pregunte a Ken sí puede cambiar mi horario para permitirme que yo vaya al Colegio Cabrillo ya que he terminado todos los grados posibles en la escuela de adultos estudiando inglés e incluso tengo mi GED. Mi madre me enseñó a estar contento con lo que tenía y tener un trabajo parece más que suficiente para mí. Al pedir al jefe que cambie mi horario parece que estoy pidiendo demasiado. Salgo de mi zona de confort y obtengo el valor de preguntarle a Tom y Ken. Ellos están entusiasmados con mis metas para ir al Colegio de Cabrillo. Ellos realizan los cambios en mi horario y me registro en el colegio. Le agradezco sinceramente a mi amigo Alex por animarme a preguntar.

Tengo una buena prueba cuando un mexicano muy buena onda llamado Max conduciendo un buen Camaro clásico empieza a hacer conversación conmigo y el Cachanilla. Un día Max nos pide que le ayudemos a vender cocaína en la gasolinera, diciéndonos que nosotros podíamos hacer "mucho dinero." Incluso él trae una pequeña pelota de cocaína para mí, otra para Alex y la pone en nuestras manos. Siento como mi corazón se acelera y que un tornado se está formando dentro de mi estómago. Me doy cuenta de que mi boca tiene algún tipo de memoria que incluso puedo probarla y sentirla en mi lengua incluso antes de abrir la bolsa. Cuando Max se va, Alex va dentro de la estación de servicio. Yo camino detrás de la gasolinera y lanzó la bolsa de polvo blanco hacia los árboles que van a Soquel Creek. Me siento muy orgulloso de este logro.

ʊ

Mi barrio en Guadalajara está empezando a construirse, al regresar de Apulco al final del verano a veces encuentro nuevas familias que recientemente se mudaron a nuestra calle. En esta parte de Guadalajara, nosotros estamos divididos por calles. Nosotros vivimos en el barrio del dinero. Desafortunadamente, esto es sólo por el nombre. Lo que quiero decir es que todas las calles de nuestro barrio tienen nombres de diferentes monedas de diferentes países. Yo vivo en Calle Obolo llamada así por la moneda Griega justo al lado de Guinea la moneda de Gran Bretaña, cerca se encuentran las calles de Crédito, Yen, la moneda de Japón, Salario, etc. Bueno, todo lo que tiene que ver con el dinero y las finanzas; este es nuestro barrio.

Después de las vacaciones de verano, el volver a la ciudad se siente muy bien, tal vez como autor del gol de la victoria en la final de la liga mexicana. Los niños y las niñas en nuestra calle, nos conocemos desde hace muchos años, desde los días en que nuestros padres se trasladaron a la calle con poco más que un pedazo de tierra y una habitación de pie en su propiedad, con niños pequeños y un montón de sueños. Yo sólo tenía seis años cuando nos mudamos aquí a esta calle de una vecindad en la Colonia del Fresno en Guadalajara. Algunos de nosotros empezamos a ir a la escuela primaria en el mismo día. En cierto modo, nosotros nos sentimos más como hermanos y hermanas.

"¿Cómo estuvo tu viaje a Apulco?" mis amigos me preguntan. ¿Qué es lo que tú hiciste en el rancho? Recibo palmadas suaves en los hombros, los empujones suaves, las sonrisas, los chistes. Ellos siempre se burlan de mi acento de la comunidad rural y los huaraches. Pero a veces esta atención causa resentimiento. Esto me pone en una posición de tener que defender la popularidad que parece yo reclamo con mi simple llegada. Me golpean el trasero más de una vez.

Mi padre trabaja en una Compañía grande de zapatos en Guadalajara llamada Jardín Industrial Canadá como mecánico eléctrico, tratando con muchos tipos de máquinas utilizadas para moldear las suelas de los zapatos. Él estudió electricidad y sabe cómo arreglar televisores, radios, y en el trabajo estas habilidades le ayudan a dar una sensación de seguridad. Él empezó a trabajar en esta Compañía de calzado en 1970 cuando nací y mantiene este trabajo durante muchos años. Recientemente él está pensando en volver a la escuela para aprender a arreglar esos nuevos televisores a color. Él dice que utilizan una gran cantidad de transistores y no tienen bombillas que necesitan tiempo para calentarse. La compañía emplea a miles de trabajadores, incluyendo hombres y mujeres. El dueño de esta

Compañía de calzado también emplea una idea reciente, de tener una línea de trabajadores y producir miles de zapatos en un solo día, al igual que el Sr. Henry Ford hace con su compañía Ford Company en los Estados Unidos.

Mi padre es también un músico aficionado y toca el guitarrón en un mariachi. A veces llegan a tocar en fiestas privadas. Aunque soy sólo un niño y no sé mucho de música, puedo decir que los que tocan la trompeta son muy malos. A veces practican en mi casa y como vienen más tarde en la semana, los hombres dejan sus instrumentos en casa. Tengo curiosidad por tratar de tocar estos diversos instrumentos, incluyendo los violines, el guitarrón, las vihuelas y las trompetas. Realmente no entiendo los instrumentos de viento, pero poco a poco aprendo algunos acordes de guitarra que mi padre me enseña.

En los años posteriores, los instrumentos cambian a guitarras eléctricas, bajo eléctrico, batería y teclados que mis amigos y yo usamos en la banda que creamos.

Los padres de mi papá y los padres de mi madre son muy diferentes, pero todos son muy cariñosos. Ellos muestran su amor de diferentes maneras. Mi abuela materna, Nina Juana, no es tan buena cocinera como mi mamá Yaya, pero Nina Juana y el abuelo El Gordo están a cargo de la granja de frutas que nos encanta visitar. A veces yo tomo el desayuno en la casa de unos abuelos, almuerzo en la casa de los otros abuelos y ceno en la de mi tía Rita. A veces repito el almuerzo con las dos abuelas. Una vez almorcé en tres casas diferentes, incluyendo la casa de mi tío de Santiago, el esposo de mi tía Rita.

"¿Ya comiste mijo?"

Miro hacia abajo y digo: "No"

Siempre subo algo de peso en Apulco y a mi madre parece gustarle eso.

Papá Chuy, mi abuelo paterno, es un músico. Mi padre me dice que el abuelo solía ser el director de una orquesta local y a veces de mariachis. Él tocaba el violonchelo y otros instrumentos de cuerda, pero a medida que envejecía perdió el interés de mantener la relación con sus instrumentos.

A veces, cuando la vegetación no es muy espesa en Apulco, yo puedo ver el puente viejo desde la casa de mamá Yaya. Así que, a veces, sentado en la ventana puedo verlo cruzando el puente en su burro, regresando del campo, sentado en su burro, y oír a sus perros ladrando todo el camino hasta la casa. Esto realmente es una vista relajante; me siento protegido.

Podía imaginar a mi padre sentado en esta misma cocina y viendo a su padre regresar del trabajo, o mi abuela mirando a su esposo e hijos regresar de los campos. Yo amo a mi abuelo. Me pasó a mí ese lindo regalo, el amor y la pasión por la música.

Pronto un nuevo puente comienza a tomar forma, y puedo verlo desde ambas casas de mis abuelas. Construido para eludir el rancho, que se eleva sobre el viejo puente - grande, brillante, fuerte. Cuando la construcción de este nuevo puente comenzó, se ofrecieron puestos de trabajo a los hombres en la pequeña población. Ya que mi abuelo tenía la edad para jubilarse, él había aplicado para vigilar las herramientas y la maquinaria pesada durante la noche. Él estaba cansado de trabajar en los campos y estaba muy emocionado cuando se le ofreció el trabajo. La construcción estaba programada para durar más de dos años y él iba a obtener un buen sueldo. Él también podía caminar al trabajo.

Temprano una mañana, mi familia está volviendo a Guadalajara, caminamos hasta el sitio de la construcción, ya que los autobuses siguen utilizando el viejo puente. Nosotros nos encontramos con mi abuelo sentado cerca de una fogata, tomando café, y él es muy feliz de vernos. Él sabe que nos vamos y parece orgulloso de que nos detuvimos en "su oficina." Él me muestra donde los trabajadores de la construcción dejan las maquinarias que utilizan. Todo parece más grande y aterrador a esta hora del día, tan temprano que el sol todavía estaba dormido. El hermoso cielo lleno de estrellas, el fuerte olor a aire limpio, la música del río y los grillos, el sonido del río hace que estas máquinas pesadas parecen fuera de lugar, como monstruos, enormes monstruos que mi abuelo se encarga de vigilar. Allí él está sentado cerca del fuego y nos dice que cuidemos de nosotros mismos y volvamos a visitar pronto Apulco.

Yo siento algo extraño dejando a mi abuelo sentado allí en la noche cerca de todas aquellas frías estructuras metálicas, entre esos pilares de cemento y roca que se levantan de la tierra, tan artificiales y tan grandes. Nosotros podemos ver la luz del autobús reflejada sobre las montañas, cada vez más y más cerca. Esperamos hasta que podamos escuchar su motor. Es hora de volver.

ʊ

126

Ya casi estoy terminado la escuela primaria; Pronto yo estaré asistiendo a la secundaria 15 mixta en Tetlán. Este año en Apulco, los pequeños ríos trajeron una bonita playa de arena cerca de la casa de mamá Yaya. Es el verano de 1982 y la Copa del Mundo está en su apogeo en España. Después de ver los partidos de fútbol Tino y yo vamos a esta nueva playa de arena y jugamos ahí. La playa tiene cerca de veinticinco metros de largo y unos quince metros de ancho. En los lados, más cerca de los arroyos crecen algunas plantas largas parecidas a bambú, de color verde, altas y densas, ahí solemos escondernos uno del otro. Nosotros decidimos utilizar algo de este "bambú" para construir nuestro propio campo de fútbol privado en la hermosa arena blanca. Tino termina su portería primero y me ayuda a hacer una con ramas más pequeñas para atar los postes y como magia tenemos dos porterías, una a cada lado de la playa. Nosotros practicamos los penales. Con la arena blanca siento que estoy en un comercial de televisión jugando fútbol en Brasil. Es muy divertido ser el portero, volar para conseguir detener la pelota y aterrizar en la arena blanda. Muy emocionados nos narramos en voz alta las jugadas de cada uno.

"¡El portero vuela hacia la esquina derecha y que tremendo paradón! ¡La multitud se vuelve loca!"

Nuestro sudor hace que la arena se pegue a nuestra cara y cuerpo. Nosotros nos sumergimos en el río para refrescarnos y volver rápidamente para hacer otro gol o parada milagrosa

Si marcamos un gol corremos haciendo ruidos como

127

si la multitud se volviera loca "¡haaaaaaa!" como en un concierto de rock, corremos con las manos en alto, descalzos y mirando hacia el cielo. El viento sopla suave, moviendo las plantas altas de las "líneas laterales", en nuestra mente se convierten en los aficionados que nos gritan y nos animan. Dado que este entusiasta público nos está viendo, nosotros tratamos de mostrar nuestras mejores jugadas y marcar los mejores goles, mientras que el portero hace sus mejores atajadas. Amo jugar al fútbol.

ʊ

Durante meses, mi padre ha estado visitando Apulco por su cuenta para ver a su padre enfermo que sufre de úlceras graves. Un día, nos llama a nosotros para venir y reunirnos con él. Él tiene una noticia para nosotros, noticias tristes.

En un día lluvioso de agosto de 1979, alrededor del cumpleaños de mi padre, la gente se reúne en la entrada de la casa del tío Chon. Es el hermano de mi abuelo. Hay un ataúd gris con una gran cruz encima de él, con una pequeña ventana abierta donde se podía ver a mi abuelo acostado ahí, con su cara triste. El medicamento blanco Maalox todavía está al lado de su boca, pues él intentaba tomar algo de esta medicina para detener el dolor que sufrió en los últimos momentos. Mi padre me permitió ver a su padre dentro de este ataúd, para decirle adiós.

A mis nueves años nunca había visto a mi papá tan triste. Pero nunca lo he visto llorar y hoy no es la excepción. Serio y tranquilo, papá camina por la casa y se asegura de que todo el mundo esté bien. La hermana y el hermano de mi padre viven en los Estados Unidos, no vinieron a ver al abuelo, ya que parece que están trabajando en su estado de inmigración y eso parece mantenerlos ahí. La única hermana presente es mi tía Socorro, la hermana menor de papá. Es oscuro y frío, después de un día de oración el ataúd se coloca en la parte trasera de una camioneta que seguimos al cementerio caminando bajo la ligera lluvia.

El tiempo que pasé con el abuelo fue corto pero muy rico. Recuerdo su energía positiva y su sonrisa; las veces que estuve alrededor de él trabajando en el campo. En mi mente todavía puedo ver el abuelo volviendo del trabajo en su burro sonriente, inclinando la cabeza hacia abajo para cubrir su rostro con el sombrero y cuatro perros siguiéndolo de cerca.

Recuerdo el último juego que tuve con Papá Chuy en la mesa blanca de granito de nuestra cocina en Guadalajara, viéndolo girar un limón muy rápido. Él tenía los dedos largos y delgados, podría hacer girar el limón durante un largo tiempo. Me sorprende ver cómo el limón no cae en al suelo, pero sigue el borde de la mesa hasta que se detiene. Nos pareció divertido. Ningún juguete costoso. Ningún parque de lujo. Ambos nos reímos y la pasamos muy bien. Creo que yo también tengo sus dedos, dedos de músico. Algún día haré este mismo truco con mis hijos.

ʊ

Estoy a punto de cumplir doce años y en el barrio Carlos vive en la calle de enfrente de donde vivo. Me deja jugar con la bicicleta Schwinn BMX. Él me la presta ya que no tengo una. Nosotros nos convertimos en mejores amigos muy rápidamente. Su padre dejó a su madre cuando era muy joven. Carlos y su madre viven muy humildemente. Ellos tienen pocos muebles en su casa y la cocina tiene una estufa antigua de petróleo. La bicicleta fue un regalo de su padre, ya que de vez en cuando su padre viene a visitarlo a él y a su madre. Carlos también toca en una banda y es un excelente guitarrista. La mayoría de los familiares de Carlos son músicos. Los mayores tocan en tradicionales *bandas de viento*. Los más jóvenes comenzaron una banda cerca de la calle donde vivo, en la calle Jornal. Recuerdo la primera vez que escuche tocar los instrumentos eléctricos. Mi corazón empezó a correr más rápido muy emocionado.

Entre montar la bicicleta de Carlos, jugar al fútbol y práctica en la guitarra, la mayoría de nuestras tardes están ocupadas después de la escuela. Tener un mejor amigo ahora en Guadalajara hace que sea más difícil ir a Apulco en los veranos. Realmente disfruto andar en su bicicleta y construyendo rampas de tierra para saltarlas. Mi padre me está ayudando a construir mi propia bicicleta, parte por parte, pero está tomando mucho tiempo. Él dice que no puede permitirse comprar la bicicleta completa de un jalón.

Incluso antes de conocer a Carlos yo recuerdo cuando mi familia era invitada a fiestas. Normalmente me sentaba justo delante de la banda mirando durante horas. Para prestar atención si el guitarrista es bueno con los solos, si la banda está tocando bien, ¿cómo reaccionan los músicos cuando ellos cometen un error? Escucho el sonido de los teclados qué tipo de instrumentos suenan mejor. A mi papá le gusta el hecho de que nunca le doy ningún problema en las fiestas, no entró en peleas como los otros niños. Me encuentro un buen lugar y me siento ahí muy cómodamente, donde puedo ver cómo sucede la magia de hacer música.

Cuando Tino mi primo se muda a Guadalajara su casa está al lado de una casa que tiene un árbol de duraznos. Algunas ramas cruzan a su casa y es genial poder tener algunos duraznos durante la temporada. Nosotros jugamos fútbol en su patio trasero, un gran cuadrado con grandes paredes y nos divertimos mucho. Cortamos los duraznos antes de que estén maduros y poco a poco comenzamos a cortar los duraznos de las ramas que no cruzan exactamente al patio de mi primo. Tino me dice a mí y a mi hermano Chuy que el hombre que vive en esa casa probablemente tenga un arma y podría disparar, probablemente no deberíamos estar haciendo eso.

"¡El señor se mira malo!" Mi primo intenta advertirnos. Pero mi hermano Chuy y yo no le hacemos caso al primo.

Finalmente nosotros empezamos a subir por el techo de la casa de este hombre y con el pecho hacia abajo nos dirigimos al otro lado del árbol. Los duraznos comienzan a tener un sabor muy diferente. Aunque no están listos para ser recogidos parece que tienen un sabor delicioso. Nosotros nos sentamos en el techo de la casa de Tino y disfrutamos del banquete, duraznos verdes, duros y agrios mientras hablamos de lo horrible que puede ser el hombre y lo que nos haría si alguna vez nos atrapa. "¡Nos va a pegar con su cinturón!" Dice mi hermano. Mi primo inventa un posible resultado más siniestro por el robo de los duraznos verdes. "¡Nos va a secuestrar y meternos en su Casa!"

No puedo llegar a una posible consecuencia ya que estoy muy nervioso; no puedo dejar de admitir que soy el principal impulsor de esto.

Este día, después de discutir la estrategia de ataque nosotros nos movemos rápidamente al techo del vecino hasta el final del otro lado donde encontramos duraznos más grandes y mejores.

Dado que el tiempo ha pasado, los duraznos están volviéndose más amarillos y dulces. Nosotros estamos tan emocionados de que ni siquiera escuchamos cuando el hombre se acerca a nosotros, escondiéndose en algún lugar de su casa.

"¡Buenas tardes muchachos!"

Él lleva un sombrero grande y no puedo ver su rostro con claridad.

Él nos encuentra acostados en el techo con un montón de duraznos verdes en nuestras manos. He oído historias donde mis amigos dirían que casi se orinan en sí mismos. No puedo negar que me moje los pantalones un poco cuando veo los zapatos de este hombre acercándose a nosotros. No me atrevo a mirarlo a la cara.

Me doy cuenta de que su voz no es tan mala como habíamos pensado, él tampoco se quita el cinturón y ni siquiera intenta secuestrarnos. Él amablemente nos pregunta si somos conscientes de que estamos invadiendo y robando. Él hace a mi primo Tino sea el responsable, ya que es el mayor del trío. Él explica con calma cómo estamos siendo un mal ejemplo para mi hermano Chuy que solo tiene 11 años. Miro a mi hermano Chuy, muy delgado y tan asustado que está temblando. El vecino nos dice que podemos tener todos los duraznos que queramos, sólo tenemos que pedirlos.

Nosotros dejamos este juego de ir a la parte superior del techo de este hombre, volvemos a jugar fútbol en el patio de Tino. Poco a poco vemos duraznos en las ramas que cruzan la casa de tino. Pero simplemente los duraznos no saben igual.

Joaquín en California

Cayendo

Después de ser despedido de la clínica de convalecencia por no tener documentos de inmigración, yo trabajo en una gasolinera por un tiempo. Sin embargo, todavía tengo el certificado de CNA, quiero volver a trabajar en las clínicas de convalecencia. Un día, durante un partido de fútbol mi amigo Enrique me dice algunas buenas noticias.

"Sabes Joaquín, tengo otro trabajo en una clínica de convalecencia. ¿Quieres unirte a nosotros?"

"¡Simón!"

Le llamo a mi amigo José, que trajo a su hermano Alfredo y a sus primos de vuelta a trabajar ayudando a los ancianos. Ahora tenemos el equipo junto de nuevo. Trabajando como asistente de enfermera es suficiente por ahora. Todavía trabajo en mis días libres parandome frente a una tienda de Kmart con mi cuñado Luis, para ver si podemos ser contratados por el día para hacer un poco más de dinero. Parece que no puedo terminar de pagar mi camioneta. La próxima vez que compre un coche leeré todos los papeles antes de firmarlos. Estoy pensando en convertirme en un enfermero registrado -RN- o un radiólogo. Pero veo a las enfermeras aquí en la clínica de convalecencia, estresadas y con exceso de trabajo. Hay días que siento como si estuviera pagando un pecado que cometí. Me veo limpiando "popo" muchas veces a personas que ni siquiera son conscientes del desastre que hacen y por si fuera poco están gritándome.

"¡Maldito Mexicano, regresa a tu país!"

Una semana yo estaba tratando de sacar a un paciente de la cama y me lastimo la espalda. Obtengo dos semanas de descanso y un poco de terapia física. La bolsa del catéter estaba goteando y me resbale con la orina mientras trataba de transferir a una señora de la silla a su cama. Sentí claramente una frialdad recorriendo mi espina dorsal.

Comienzo a sentir que he estado trabajando en estas clínicas de convalecencia por mucho tiempo. Me doy cuenta de cómo, de alguna manera, soy capaz de predecir cuando algunos pacientes van a pasar al mundo de los espíritus. No hablo de esto con nadie. Me doy cuenta cuando los pacientes se enferman. Con la ayuda de los diferentes medicamentos y visitas de familiares a veces mejoran, poco a poco. Sin embargo, hay veces en que incluso con muchos medicamentos y la atención de los miembros de la familia, las enfermeras y los médicos, de repente llega un olor a la habitación. Un olor que no estoy seguro de que alguien más sea capaz de oler, pero parece provenir de la persona en la cama, agonizando. Desde lo más profundo de ellos, como si algo hubiera dejado de funcionar y puesto en libertad este olor que casi pasa desapercibido. Su boca de repente es incapaz de cerrarse. Como cuando uno está en un viaje largo en el autobús y no puede dormir, sintiendo la boca abierta mientras intenta no caer adormecido hacia adelante.

Muchas veces soy el primero en la habitación después de que mueren. Cuando esto sucede hago una oración lentamente. Yo hablo con ellos.

"Todo está bien, amigo, ya todo está bien."

Me hace sentir seguro al limpiarlos y vestirlos por última vez, antes de que lleguen los miembros de la familia.

En diciembre de 1992 invito a Mariela a un baile con otro amigo mío. Ahí, durante el baile y la diversión le doy un anillo. Nunca le propongo oficialmente como lo he visto en las películas románticas o en las *telenovelas*. Mariela me sigue preguntando cómo es que nunca digo "te amo" y le explico con calma que nunca me enseñaron a decir esas palabras cuando era niño, así que es muy difícil para mí decir eso. Por lo general nuestras conversaciones terminan así:

"Te amo."

"Yo también."

Nosotros nos casamos en Reno Nevada un viernes por la noche y le explico a Mariela que tenemos que hacerlo rápidamente ya que estoy programado para trabajar en la gasolinera el domingo. Toda la ceremonia es en inglés y se supone que debo repetir todo lo que la dama pastor dice. Noto que también tienen un imitador de Elvis como un pastor que podría casarnos por un cargo extra. A mí personalmente no me gusta Elvis pero pienso que a mi primo Robert les gustaría este Elvis pastor con el pelo grande. Mi boda no es romántica en absoluto. Llego a tiempo para trabajar el domingo.

Sin embargo, siendo el mayor de mi familia decido que tengo que casarme también por la Iglesia Católica, especialmente debido a que tengo dos hermanas menores y no quiero ser un mal ejemplo para ellas. Ahorro el dinero suficiente para pagar el coyote y poder regresar a California. Mariela tiene una tarjeta verde de residencia permanente y ella puede volar de regreso a California.

Así que nosotros nos vamos a México en Guadalajara, para tener una boda religiosa. El padre de Mariela está muy molesto de que la ceremonia no se lleve a cabo en su pueblo de Tepoztlán, Morelos, siendo la costumbre en México que la boda sea en el pueblo de la chica. Le explico a mi futura esposa y a su familia que tengo una familia muy grande y no puedo permitirme el lujo de llevar a todos ellos a otro estado para estar en mi boda. Mi amigo Carlos, que es mi viejo profesor de guitarra y también como mi hermano mayor se ofrece a llevar una banda en vivo para la boda. Mi primo Tino se ofrece a llevar un DJ para que la música siga sonando cuando la banda esté descansando. Las hermanas de Tino también se ofrecen para decorar el salón que alquilamos y nosotros somos capaces de invitar al padre de Mariela y a un buen número de familiares que vienen de Tepoztlán.

Así que aquí estamos, dos jóvenes de 23 años que se conocieron en California, casándose adecuadamente, a mil quinientas millas de Santa Cruz. Como luna de miel vamos a visitar Tepoztlán, Morelos, de donde es Mariela y estoy asombrado de lo que me encuentro ahí.

Tepoztlán es una hermosa ciudad, a una hora de Cuernavaca. Este lugar es como un portal a la época prehispánica, donde todavía algunas personas hablan en náhuatl. El color de la piel y los rasgos faciales de las personas realmente se asemejan a nuestros antepasados aztecas. El apellido de Mariela es Flores, que en muchas escrituras antiguas se menciona muchas veces, las flores que significa belleza, expansión, regalos naturales. Esto me hace pensar que me he casado con una hija descendiente de un importante sacerdote azteca, tal vez

138

un poeta. El apellido Flores parece tener una larga historia. Esto me hace pensar de donde viene mi apellido Barreto y de dónde vienen los primeros Barretos en América. ¿Emigraron desde el extranjero o se originaron en el continente americano? Visitamos el lindo pueblo Tepoztlán Morelos, donde nos encontramos con una enorme montaña llamada El Tepozteco que tiene un sitio antiguo donde aparentemente se realizaban sacrificios humanos en la época precolombina. Nos toma alrededor de dos horas subir esta montaña, por los pasillos empinados. Muchos turistas vienen aquí y todos toman fotos en este sitio. Todo el ambiente me hace tener sed de aprender más acerca de este lugar. Mis propios hijos serán descendientes de las personas que vivieron aquí hace siglos, el pueblo azteca de Tenochtitlán.

En la Navidad de 1994, dos años después de nuestro matrimonio, Mariela me da una sorpresa mientras cenamos en la casa del "Tío Larry." Larry es un enfermero registrado que nos dio el entrenamiento y los certificados como auxiliar de enfermero hace ya algún tiempo en la clínica de convalecientes, y se ha convertido en nuestro tío. Larry y su compañero Wally nos invitan a cenar cada día de Acción de Gracias y Navidad. A mí me encantan estas grandes cenas. El pavo hecho en casa con salsa de arándanos, puré de papa, verduras y tarta de manzana. Yo llevo cerveza y una botella de vino para compartir.

En esta hermosa noche, *Noche Buena* mi esposa nos da a todos la noticia de que está esperando un bebé.

139

Recientemente le he mencionado a Mariela cómo a veces me siento celoso de mis amigos cuando vienen a la clínica de convalecencia y llevan a sus hijos con ellos en sus días libres. Nosotros hemos estado juntos tres años y casados durante dos años. Esto parece que es el momento perfecto. Estoy muy emocionado.

Después de la cena, conduciendo de Monterrey a Santa Cruz, Mariela se queja de haber comido demasiado y de tener dolor de estómago. Nosotros habíamos planeado ir a bailar después de la cena. En cambio, nos dirigimos directamente a nuestra casa en Live Oak.

"Tengo que cuidar ahora a ti y a mi bebe" yo le digo. Alrededor de la 1:00 a.m. Mariela rompió el silencio de la noche con un grito aterrador desde el cuarto de baño que nunca había oído antes de ella o tal vez incluso de cualquier mujer. Ella me muestra la sangre en el inodoro y rápido vamos al hospital. Está lloviendo y nos estacionamos en frente del Hospital Dominican. Ellos nos piden que caminemos detrás, donde se encuentra la sala de emergencias. Caminamos bajo la lluvia en silencio, sin saber qué pensar, ni qué decir. Sostengo el paraguas encima de ella y le tocó su estómago diciéndole que todo va a estar bien. Dentro de la sala de emergencia, después de algunos exámenes y un ultrasonido, nos dicen que el bebé se está formando fuera de la pequeña bolsa donde se supone que se debe formar y el cuerpo de Mariela básicamente intenta deshacerse de él, ya que de ninguna manera es sano que se continúe desarrollando ahí. Soy testigo de cómo utilizan un tipo de aspiradora dentro de ella para asegurarse de que todas las pequeñas piezas de lo que pensábamos que era

140

nuestro bebé salgan en esta botella de vidrio.

Perdemos nuestro primer bebé cuando yo acababa de recibir la noticia de que podría ser papá, incluso antes de que tengamos tiempo para considerar los nombres del bebé.

Continúo con mis planes de una carrera. Mi diploma de la secundaria de México no es válido aquí en California por lo que estudio brevemente en una escuela para adultos en Watsonville tomando clases de GED y logré obtener mi certificado de secundaria así. Después de asistir al Colegio Cabrillo por dos años y trabajar en un hogar de convalecientes por más de ocho años, aplico y soy aceptado para trabajar en el Condado de Santa Cruz como asistente de salud mental. Mi trabajo en las clínicas de convalecencia ayudando a los trabajadores sociales a organizar las cenas y tocar música, así como trabajar con algunos de los pacientes "difíciles" hace que sea más fácil para mí conseguir este trabajo en el departamento de Salud Mental. Mi ego comienza a crecer con este logro. He trabajado muy duro para mejorar mi inglés y claramente el sacrificio valió la pena. Con mi esposa, alquilamos un apartamento mejor con tres habitaciones y ahora vuelvo a tener los fines de semana libres en el trabajo. Estoy decidido a seguir yendo a la escuela y obtener mi título de maestría en trabajo social. Estoy muy entusiasmado con mi nueva carrera.

También decido seguir mi sueño de aprender a surfear y encuentro una escuela de surf en la playa de Cowell's. Conozco al Sr. Ed Guzmán y me cobra treinta dólares por una hora de clases de surf. Ed que llevaba un gran sombrero y gafas de sol, me explica la etiqueta de surf sentado en el agua, ya que constantemente me caigo de la tabla tratando de mantener el equilibrio sentado sobre ella. Soy capaz de entrar en una ola después de varios intentos y mi corazón comienza a correr muy rápido. El sonido de la tabla de surf que se desliza a través del agua me deja encantado. Todo este momento, el olor del agua del océano mezclado con el olor que proviene de la cera con sabor a coco que usamos en la tabla. Nadé sobre mi tabla hacia Ed y le digo muy emocionado cómo se sintió cuando finalmente pude pararme en la tabla y surfear mi primer ola.

"¡Amigo, estás tan enganchado!", dijo él.

Durante los próximos meses me paso innumerables horas en el agua aprendiendo este nuevo deporte. Mi esposa se acuesta en la playa en los días que puede ir conmigo o toma paseos por la zona de East Cliff. Mi lugar favorito para surfear se convierte en la Avenida 38. Paso mi tiempo libre surfeando frente a la casa del señor Jack O'neil. Todo el mundo ahí es amigable y los surfistas rápidamente aprenden mi nombre ya que soy el único surfista Mexicano ahí. Es julio de 1995 y Mariela mi esposa me dice que ella está embarazada de nuevo y ella está programada para marzo de 1996. Dejo de surfear cuando las olas son más grandes, pensando en mi futuro bebe.

Mi hija nace en marzo de 1996, el primer día de la primavera. La llamamos Jasmine. Poco después de que nace, decido ir a ver a un oftalmólogo y obtener unos lentes con graduación. Quiero estar lo más seguro posible cuando yo conduzco. Mi bebe ahora depende de mí. Con su llegada, mi hija me ayuda a ver las cosas más claras.

Nosotros realmente no lo planificamos, pero cuando Jasmine cumple seis meses, descubrimos que estamos esperando otro bebé, esta vez es un niño. Con dos hermosos hijos, nuestro matrimonio parece perfecto. Nunca tenemos un desacuerdo o peleas serias. La gente siempre nos felicita por la buena pareja que somos. Los amigos a menudo nos piden que nos volvamos padrinos de sus hijos. Mi esposa pide que me convierta en un residente legal de los Estados Unidos y unos meses después me dan la residencia legal. Le estoy muy agradecido por eso. Ahora puedo ir a México en avión y solo muestro a la *migra* mi nueva tarjeta verde. Estoy emocionado pensando cómo ahora seré capaz de conseguir un trabajo mejor pagado.

Sin embargo, algo dentro de mí comienza a desarrollarse, como una pequeña mancha marrón en una manzana. Cuestiono mi matrimonio y el camino que se comienza a abrir en frente a nosotros en este momento. De alguna manera egoísta, comienzo a sentir que todos estos logros los hice por mi cuenta. Cuestiono los deseos de mi esposa para tener éxito y para "avanzar" en la vida.

"¿Entonces tú qué quieres hacer? ¿Cuál es tu sueño?" Yo le pregunto a ella.

Ella mira al cielo. Sin respuesta.

"A mí me gustaría ir a surfear a Jamaica," continúo. "¿A dónde te gustaría ir a ti? ¿A qué parte del mundo te gustaría viajar?"

Silencio.

Yo le pregunto a ella si le gustaría volver a la escuela, pero parece que ella no puede encontrar metas a seguir. Comienzo a cuestionar el hecho de que nunca

143

tenemos discusiones o conflictos. Ella siempre permite mis caminos; "Lo que tu decidas" son sus palabras favoritas. Comienzo a analizarla a fondo, a juzgarla, incluso más que nunca a actuar muy egoístamente. Ella trabaja tiempo completo en una tienda de Salvation Army y recientemente su supervisor la ha animado a aplicar y trabajar para que sea gerente, incluso le compra sus libros sobre "cómo ser gerente."

"Yo creo que sería demasiada responsabilidad," me dice Mariela.

Un sentido aún más claro de la frustración y la realización empieza a atormentarme cuando se nos invita a ver casas en venta en Kerman, California, donde las casas son más accesibles. Veo una hermosa casa con un gran patio trasero y una chimenea que parece como la casa de mis sueños y pienso "sería bueno vivir aquí con la mujer que amas de verdad." Noto a mi persona conduciendo en ocasiones y deliberadamente mirando a alrededor para ver a las mujeres que me puedan dar algún tipo de señal, buscando impresionar a alguien, como un hombre solo, sin responsabilidades. Conscientemente parece que estoy buscando problemas. Comienzo a conocer gente en mi nuevo y más "sofisticado" empleo. Me siento grande y realizado.

En mi nuevo trabajo con los servicios de salud mental me encuentro con lo que llamo el "equipo ideal." El Dr. Torrey es nuestro psiquiatra y tenemos cuatro administradores de casos, un terapeuta y un supervisor. Los administradores de casos tienen licencia de trabajadores sociales y tengo el trabajo de "ayudante de salud mental." Mi trabajo es ser la sombra de estos encargados de casos y apoyarlos con personal adicional,

144

según sea necesario en la prestación de servicios a los individuos adultos con enfermedades mentales graves. Me siento tan emocionado y revitalizado que regresó al Colegio Cabrillo y continúo asistiendo a la escuela esperando que algún día pueda ser un trabajador social. Dos de los administradores de casos son hombres cuyo estilo de trabajo es muy diferente el uno del otro. Trato de aprender de cada uno de ellos. El Sr. Cortés es un joven chicano que tiene la suerte de tener a sus padres muy educados y solidarios con él. Él fue a la Universidad de California para convertirse en un Licenciado en Trabajo Social Clínico, LCSW por sus siglas en inglés.

Steve V. es padre de cuatro hijos, el creció en familias adoptivas y fue abandonado por sus padres biológicos cuando tenía seis años. Steve V. siempre habla de sus hijos y sus juegos de voleibol los miércoles por la noche. Él nos hace reír a todos con sus historias. El sufrió de adicciones cuando era joven y ahora está trabajando en ayudar a los demás con sus problemas de salud mental y también sus adicciones.

Maggie M. es una administradora de casos que tiene la edad de mi madre, pero se cuida mucho y siempre se ve muy bonita. Maggie ha estado trabajando en empleos relacionados con la salud mental durante años; ella habla español y es un gran apoyo para mí como el chico nuevo. Veo a Maggie y pienso en mi madre. Cómo me gustaría que mi madre fuera tan fuerte e independiente como Maggie. Irradiando confianza camina en la oficina muy bonita. Mi madre siempre fue una víctima, en primer lugar por sus padres y más tarde con su esposo.

Nosotros tenemos una terapeuta en el equipo que

145

también es un LCSW llamada Deborah. Deborah es muy profesional y educada cuando habla; de alguna manera, me hace pensar que puede ser algún tipo de chica de campo. Deborah parece que le gustan los colores de tonos bajos como el beige, caqui y de vez en cuando me sorprende cuando usa lenguaje obsceno mientras da sus observaciones clínicas. Susan M. es nuestra supervisora y ella también puede ser un gran apoyo cuando es necesario y cuando es necesario dirá qué se tiene que hacer, dirigir en la dirección correcta. Ella es una excelente supervisora. Intento aprender de cada persona y crear mi propio estilo en el trabajo en el sistema de salud mental. Siento que ésto es lo que siempre he querido hacer, aunque hasta hace poco yo no sabía que el sistema de salud mental ni siquiera existía.

El trabajo no siempre es físico como otros trabajos diferentes que hago llegando el fin de mes. En mis días de descanso me paro afuera de la ferretería de la Avenida 41, en espera de ser contratado como jornalero. Conozco a buenos "patrones" de esta manera. A veces la misma persona me contrata para todo el fin de semana. Mi cuñado Luis a veces va conmigo. De hecho, él fue el que me dió la idea y el valor de ir y buscar trabajo allí. Luis se acerca a los vehículos y habla con los conductores.

"Somos dos, buenos trabajadores. Yo... aquí... patrón... jefe."

Luis tiene muchas habilidades como trabajador de la construcción y como jardinero. Nosotros somos contratados para trabajar en la construcción de una gran escalera de ladrillo rojo a la entrada de un patio. Nosotros llegamos temprano por la mañana y la agradable señora blanca nos trae el almuerzo. Nos sentamos afuera, al lado de la lavandería, la mano de obra barata, sin seguro o cualquier otro beneficio además de los ocho dólares por hora que hacemos. Hablo con Luis acerca de una clase reciente que estoy tomando en el colegio llamada Historia Afroamericana. Luis gana más dinero que yo por una buena razón. Yo no sé cómo construir como él. Nosotros somos tratados bien, pero se mantienen dentro de una distancia en la casa. Los niños juegan con seguridad dentro de la casa y podemos verlos a través de las ventanas, no se les permite estar en el patio cuando estamos trabajando.

Luis me explica que nuestro "jefe" es un agente de bienes raíces y tiene muchas casas en venta.

"Él se gana bien la vida."

Estoy de acuerdo. Su casa de él tiene numerosas hectáreas y un gran granero donde puedo ver buenos carros estacionados en el interior.

En mi nuevo trabajo en la oficina, cada día antes de comenzar tenemos una reunión matutina y discutimos los casos que necesitan nuestra ayuda hoy y cómo podemos proporcionar el apoyo más apropiado. Yo debo aprender a veces que lo mejor es dar un paso atrás en lugar de apresurarse y tratar de salvar a alguien que está haciendo malas decisiones. El Dr. Torrey es muy inteligente. Me sorprendo cómo él recuerda las historias de cada persona que discutimos. Los comentarios y las historias de cada miembro del equipo me motivan a tomar notas, ya que no quiero olvidar esas observaciones importantes. Algún día quiero ser más que un ayudante.

Nosotros hacemos papeleo en la oficina, documentando el propósito clínico de nuestras intervenciones. Pero también salimos "al campo" para visitar a los clientes. Algunos días sigo a Mr. Cortez y veo cómo él trata con la gente y las preguntas que él hace, y otros días sigo a Steve V. y trato de aprender de él. Me di cuenta que Steve V. tiene un gran sentido del humor y lo utiliza como su herramienta de curación, él también escucha música reggae que aprendo a que realmente me guste. Me siento bendecido, formando parte del equipo de ensueño como yo lo llamo. Me siento en una oficina que comparto con otro administrador de casos. Recuerdo que mis amigos aquí en Santa Cruz se burlaban de mí murmurando cómo preferiría un "trabajo de oficina" en lugar de trabajar como jornalero durante los tiempos que iba a la escuela nocturna. Todavía tengo mucho que aprender y me llevo a casa los libros que pido de Steve V. sobre la patología humana y las listas de medicamentos que los médicos prescriben, conociendo más sus nombres y propósitos. Él quiere que yo siga estudiando.

Un día, recibo mi primera tarea por mi cuenta: el de empacar las pertenencias de una mujer que ha sido considerada mentalmente inestable y que ha sido enviada a la unidad de salud mental. Ella ya no volverá a su casa. Ella vive en un parque de casas móviles. Tengo que limpiar todo y lo empacaré en cajas y bolsas. Me siento nervioso en mi coche fuera de su casa móvil. No sé por qué - tal vez porque no sé qué esperar. Me preparo con guantes de látex. Cuando entro en su pequeña casa móvil, voy pensando en que veré un desastre y señales de que una persona inestable vive ahí. En cambio, veo fotos en la pared muy bien organizadas. La mesa tiene un buen mantel y utensilios limpios muy bien situados en la parte superior de las servilletas. La fruta en la cesta colocada en el centro de la mesa apenas está empezando a pudrirse. Empiezo a tener una triste sensación en mi corazón, sintiéndome como un intruso. Al notar fotos en las paredes de esta persona, que parece relajada, "normal", sonriendo con lo que parece ser su familia, los niños a su lado. Me doy cuenta de que esto podría pasarle a cualquier persona, incluso a mí. Hago un buen trabajo y completo mi tarea, empacando todo con cuidado y tirando la basura afuera.

Después del trabajo, vengo a casa y me tiro en el suelo. Mi hijo Joshua tiene ahora tres años y me pregunta si quiero jugar carritos con él. Hago los ruidos de los motores. A él le gusta que lo haga y trata de imitarme. Juego al té con mi hija, que tiene cuatro años. Recuerdo cómo mis hermanas solían pretender beber té y beberlo cuidadosamente, ya que el té siempre está caliente. Más tarde le cepillo el cabello a mi hija tranquilamente mientras hablo de sus tías, mis queridas hermanas en México. Les digo a mis dos hijos que los amo cuando los meto con cuidado en la cama. A mi hijo le gusta que le acaricie el cabello hasta que se quede dormido, empezando desde la frente hasta el final a la parte posterior de la cabeza, lentamente.

En el trabajo, tenemos diferentes departamentos, incluyendo la administración, el de facturación, el de los datos, el equipo de acceso y el equipo de administración de las computadoras. Es difícil aprender los nombres de tantas personas en un principio. Me encanta el olor del café en la oficina por la mañana. Tengo que vestirme bien cada día, pantalones de vestir y camisas de manga larga, zapatos negros brillantes. Si mis padres tan sólo pudieran verme entrar en este hermoso edificio alto con largos pasillos, ventanas de cristal, se sentirían tan orgullosos. Pienso respecto a mis sueños de venir a los Estados Unidos y cómo trabajar para el condado era uno de mis objetivos. "Empezaría como conserje si es necesario." Yo solía decirles a mis primos y tías. Sonia es seis años más joven que yo y empezó a trabajar exactamente en el mismo día que yo lo hice. Ella es tan divertida, bromeamos y platicamos cada vez que paso por su cubículo. Nosotros nos convertimos en amigos muy rápidamente. Nos enviamos correos electrónicos divertidos. Con el tiempo empezamos a tener los almuerzos juntos. Empiezo a faltar al almuerzo en casa. Yo iba a casa todos los días desde que empecé mi nuevo trabajo, ya que mi casa está a cinco minutos de la oficina. Como si fuera parte de mi nuevo trabajo también comienzo a mentir y engañar a mi esposa.

"Lo siento, pero hoy yo tengo una reunión."

Sonia me cuenta historias de su esposo que no le presta atención y es muy religioso, pasa mucho tiempo en la iglesia.

"Nosotros somos tan diferentes, él no me entiende," ella me dice.

Hablo de mis dos hijos preciosos, de lo afortunado y agradecido que estoy con la persona que me casé, mis hijos y mi trabajo.

"Nosotros nunca peleamos." Le digo a Sonia.

Al principio, esta nueva relación con esta mujer joven parece divertida. Se siente prohibido y emocionante, es como salir de la escuela secundaria y beber tu primera cerveza. Cuando nosotros salimos a comer a menudo le digo cómo me gustaría que tuviera un buen matrimonio como el mío. Ella juguetonamente moja sus labios gruesos y hermosos, de vez en cuando cruza sus lindas piernas, exponiendo accidentalmente un poco más de lo que puedo ver en la oficina. Las cosas comienzan a ser tentadoras. Tal vez sólo un pequeño toque, tal vez sólo un pequeño beso, pienso en mi cabeza. Su largo cabello negro siempre huele tan hermoso y brilla con el sol; me hace tomar una respiración profunda. A veces a ella le gusta llevar zapatos sexys, otras mujeres en la oficina los llaman "zapatos de prostituta" y se burlan de ella. Yo creo que sus piernas se ven espectaculares.

Un día antes de mi cumpleaños 31. Me siento en la cima del mundo. Esto es realmente un momento emocionante en mi vida. Mi nuevo trabajo está tan cerca de mi casa y por primera vez desde que llegué a los Estados Unidos, ahora tengo los fines de semana libres. Empiezo a jugar fútbol de nuevo en una liga organizada y también voy al gimnasio con regularidad. He estado en este trabajo durante casi dos años. Finalmente tengo un trabajo de 8:00 am a 5:00 pm. Todavía paseo orgulloso de mí mismo. Pues me demostré a mí y a mis amigos que en realidad podría trabajar en una oficina. Casado y con dos hijos preciosos, un niño y una niña, Qué suerte tengo. Todavía estoy tomando clases en el Colegio Cabrillo, una a la vez. Me estoy preparando para salir esta mañana viendo las noticias en la televisión. Un gran avión 747 se ha estrellado contra un edificio alto en Nueva York. La televisión muestra un edificio alto en llamas. El presentador de noticias parece confundido, cuando un segundo avión se estrella en un segundo edificio. Tengo una sensación extraña en el estómago.

151

Esto no es un accidente.

Entre todos estos eventos que rondan mi cabeza está Sonia. Ella parece muy interesada en mí. Mi cabeza se ha vuelto muy grande con este reciente logro en mi vida. Ya casi he duplicado los ingresos de todos los años anteriores, incluso cuando estaba trabajando en dos empleos diferentes. Empiezo a creer que he hecho todo por mí mismo y los pensamientos de la otra mujer siguen invadiendo mi mente. Observo las noticias y poco a poco veo los dos edificios altos colapsar y convertirse en polvo a medida que decido salir de casa para ir a trabajar. Yo solo quiero ver a Sonia.

Al mediodía, almorzando con Sonia mientras estamos sentados en su coche, le preguntó en broma si podía darle un beso. Ella asiente y en silencio se acerca a mí. Sus gruesos labios rojos me llaman tanto la atención. Mi corazón se acelera, parece que no puedo dejar de ver la imagen de esos edificios derrumbándose en mi cabeza. Esto se siente mal. Tal vez debería haberme quedado en casa hoy. Me siento nervioso. Nos besamos, nos abrazamos y nos besamos un poco más hasta que es hora de volver al trabajo. Una carrera de alta velocidad ha comenzado. Puedo ver que mi autoestima y dignidad están cayendo como piezas de goma de las ruedas de un coche de carreras.

Muy rápidamente la relación con Sonia se convierte en una adicción, una obsesión, tan prohibida y apasionada. Siento que mi alma está enredada con ella. A veces, ambos solicitamos el día libre, el mismo día y vamos a un hotel local. Ella parece ser más aventurera y el sexo resulta ser muy adictivo para mí por decir lo menos. Ambos estamos casados y tenemos hijos. Le he explicado a ella que estoy feliz y completo - ¿cómo es que terminamos aquí? Sonia continúa con historias tristes sobre su matrimonio y la poca atención que le da su marido. Ella me asegura que ni siquiera duermen juntos. Me dice que está pensando en separarse. A mi esposa parece no importarle que empiece a llegar tarde a casa y me pierda el almuerzo casi todos los días. A veces yo juro que todavía puedo oler el perfume de Sonia en mí cuando vuelva a casa. Mi esposa no dice una palabra. Nosotros todavía no hemos peleado o entramos en discusiones. Ella está de acuerdo con todo lo que quiero hacer. Mucha gente todavía nos dice que somos la pareja perfecta, ahora con dos niños, pero nunca sentí esta pasión y deseo por ella. Una esposa que no tiene su propia opinión, sus propias metas o sueños. ¿Se supone que esto es perfecto? ¿Me estoy convirtiendo en mujeriego como mi padre? Algo que siempre odiaba cuando era niño, era ver a mi madre llorando porque que mi padre estaba teniendo otro asunto. Debo decirle a mi esposa la verdad. No puedo dejar de ver a Sonia. Estoy enamorado de ella. ¿Podría realmente ser esto amor? Nunca me sentí tan apasionado en mi vida por nada.

La aventura continúa durante casi dos años. Mi esposa o bien está jugando a ser ingenua o ella realmente no sabe. Sonia también se inscribe en la escuela y ella está trabajando en sus objetivos de carrera al igual que yo. La veo en el trabajo y más tarde en la escuela. Me doy cuenta de que me he vuelto igual que mi padre y un sentimiento de culpa come mi corazón y mi alma. Mi esposa confía en mí completamente a ciegas. Yo aprovecho al máximo esta confianza. Cada día me doy cuenta de que no sólo estoy engañando a mi esposa, sino

153

también a mis hijos. No puedo hacer esto por más tiempo. Tengo que decirle a mi esposa. Hoy Sonia me pregunta cómo me siento durante el almuerzo. Le digo que me siento como una manzana que se ve saludable en el exterior, pero por dentro ha empezado a pudrirse. Yo decido decirle a mi esposa de la aventura, no puedo continuar con esta farsa.

Un día en junio del 2001 mi esposa está a punto de cambiar su horario de trabajo en la tienda local de comestibles. Decido dejarla. Ya he tenido suficiente de vivir una mentira. Siento que ya no estoy enamorado de ella, aunque ella me ayudó a lograr muchas cosas, incluyendo permitirme ir a la escuela. Nuestros hijos están ahora en la cama durmiendo y estoy convencido de que ni siquiera se darán cuenta de mi partida y por lo tanto no sufrirían esta decisión. ¿Estoy ciego por completo? ¿Soy realmente tan estúpido como para creer que mis hijos no sentirán mi partida? Tal vez ya me he marchado desde hace algún tiempo. Tengo todo calculado y tiene perfecto sentido en mi mente, como un adicto tiene su negación. Sé que Mariela sale del trabajo a las 11:00 pm, la llamó para informarle de mi decisión. Me voy antes de que llegue. No quiero ver su reacción en persona. Tengo miedo y estoy nervioso. Lo más difícil que he tenido que enfrentar. Mi hija tiene ahora seis años y mi hijo cinco años. Mis hijos perfectos y hermosos. Pero lo llevo a cabo. Dejo a mi esposa.

Hay días en los que estoy conduciendo a mi pequeño apartamento después de recoger a mis hijos y una vez que veo que están dormidos me permito llorar preguntándome cómo me he permitido llegar a esto. Al conducir por mi cuenta después de dejar a mis hijos en casa de Mariela, creo que lo más fácil sería tener un accidente automovilístico y terminar con esta culpa, dolor y vergüenza. Mi amante ahora está aparentemente desinteresada de mi atención e incluso la veo salir durante el almuerzo con otro hombre. Ella jura que sólo es su amigo. Mi mujer está destrozada con mi decisión de irme. Mi hija finge que todo está bien, mientras mi hijo está ansioso y comienza nerviosamente a morderse las uñas. Me siento horrible.

Por la noche sueño que entro en esta enorme propiedad. Estoy entusiasmado y nervioso. De alguna manera no puedo entender cómo es que tengo este gran pedazo de tierra para mí mismo, pero sobre todo esta enorme propiedad que parece como un castillo grande, con techos altos y grandes habitaciones. Estoy solo y sin querer descubrir lo que parece ser un pasillo secreto que conduce a otra área de la sala grande. Parece un almacén. Más techos altos - nadie parece haber caminado por estos pasillos en muchos años, ya que hay un montón de polvo en el piso y está muy oscuro. Las escaleras me llevan a otra habitación más grande que a estas alturas esto parece ridículo. ¿Quién querría un espacio tan grande, escondido debajo de todo, y con tan poca o nada de luz?

El lugar se vuelve húmedo y más oscuro mientras continúo caminando, con la esperanza de dejar de encontrar más entradas secretas. Al mismo tiempo soy muy curioso para caminar y encontrar más información. En un punto, en la habitación más profunda, cuando es lo más oscura, me encuentro sin zapatos y caminando en el baño más horrible que he visto. Hay "caca" por todo el suelo y no quiere moverme de donde estoy. Quiero gritar, pero no hay nadie cerca de donde estoy y sé que esto es un hecho. El olor es de putrefacción y cuando quiero huir estoy atrapado aquí, en esta enorme casa con todas estas habitaciones secretas y pasillos secretos. La oscuridad hace que sienta que nunca encontraré mi camino de regreso a esa primera entrada donde entre antes. No es la primera vez que tengo este sueño confuso.

Sintiéndome deprimido y avergonzado dejo de hablar con la mayoría de mis amigos aquí en los Estados Unidos. Oculto mi rostro y sigo caminando cuando veo a alguien en la calle. Mi divorcio y mi sentimiento de vergüenza me están haciendo perder mucho más que mi matrimonio. Mis hijos están cambiando su comportamiento y están perdiendo el respeto hacia mí, como me siento culpable soy incapaz de establecer límites claros para ellos. Casi ya no puedo tolerar ir a trabajar; realmente es doloroso. Se supone que debo estar ofreciendo apoyo e ideas para mejorar la calidad de vida de mis pacientes, cuando estoy deprimido y sufriendo una muy mala calidad de vida. Sonia se ha ido, ambivalente, por decir algo, ahora que estoy fuera de mi matrimonio. Ahora que estoy "libre." Puede que no parezca divertido. Un día, ella está de vuelta con su marido, otro está sola. Ella también ha empezado a salir con otro hombre. Ahora que vivo por mi cuenta ella ha perdió interés en nuestra relación.

¡Tú pediste una rubia, tú la tuviste!

Sanando

Conocí a un grupo de danzantes aztecas de Watsonville, cuando se presentaron en la plaza de Main St. Estoy intrigado por la forma en que bailan, formando un círculo, honrando ciertas direcciones. Me entero que dedican su baile y su energía a cuatro direcciones. El Este está dedicado a los niños, al Oeste para los ancianos, al Norte para las mujeres o la energía femenina y el Sur para los hombres. Tengo curiosidad por aprender más, por lo que me invitan a una ceremonia de temazcal. Yo estoy abierto a probar cosas nuevas para aliviar mi culpa de tener una aventura y estar separado de mi esposa. De acuerdo a mi religión, ahora soy un pecador grave. La experiencia de temazcal se siente muy acogedora la primera vez, me gusta conocer nuevas personas - sudar, cantar canciones nativas de diferentes grupos indígenas y orar al mismo tiempo. Me gusta escuchar a los ancianos que dirigen el temazcal.

"Nosotros venimos aquí con humildad, dando gracias a nuestro creador de una buena manera, --*in a good way*-- ofreciendo nuestras oraciones, nuestra energía. Gracias a la madre tierra Tonantzin y a la bendición de estar vivo hoy, en este mismo momento. El creador, nos proporciona la sabiduría para entender las enseñanzas que vienen a nuestro camino."

En el interior, el temazcal es muy oscuro y no puedo ver nada, por lo general hay dos filas de personas. Una línea se sienta más cerca de las rocas calientes en el centro. Me siento detrás de la primera fila, donde está más fresco. Escucho a la gente cantando, rezando,

157

tocando música con las sonajas y los tambores. Escucho las rocas calientes chisporrotear con las mezclas de agua y hierbas, salvia, copal, hojas de cedro seco, creando un delicioso vapor perfumado. Hay cuatro rondas, en cada ronda cantamos cuatro canciones todos mirando al centro hacia a las rocas. La primera ronda se dedica a la dirección de los niños. Todos nosotros agradecemos y reconocemos a los niños en nuestras vidas, les agradecemos que nos recuerden divertirnos, jugar y no ser siempre tan serios. Pienso en mis hijos y les pido perdón. La segunda dirección está dedicada a los ancianos. Nosotros agradecemos a nuestros mayores por su sabiduría, su paciencia, sus enseñanzas, nos enseñan a ir más lento. Nosotros oramos, cada uno a su manera, para los ancianos enfermos que conocemos. La tercera ronda reconocemos a las mujeres. Damos gracias a las mujeres en nuestras vidas, a las dadoras de vida, a nuestra madre, a nuestras hermanas, al espíritu femenino y a la madre tierra. La última ronda es para los hombres - hermanos, padres, amigos y enemigos que necesitamos reconocer y honrar. Nosotros pedimos al creador que nos ayude a detener la lucha entre nosotros, a sanar la ira y los resentimientos, a tener respeto por otros hombres, pero especialmente por las mujeres y los niños, Nosotros oramos para poder encontrar lo noble en nuestros corazones.

Nosotros utilizamos cuatro elementos sagrados – el agua, el fuego, el viento y la tierra. Los líderes de estas ceremonias se vuelven mis maestros y me enseñan acerca de estas antiguas tradiciones y su medicina.

Después de que he ido varias veces al temazcal, un

anciano de una región diferente viene a ser el líder de la ceremonia. Su nombre es Fred. Las personas del grupo de danzantes aztecas, las mujeres y los jóvenes se reúnen alrededor del fuego mientras Fred prepara el albergue, el agua, y habla con el guardián del fuego que ha iniciado el fuego horas antes de la ceremonia. Este fuego prende las rocas de lava al rojo vivo. Es un honor poder ser un guardián del fuego y traer las rocas al temazcal. "Fred es un buen sanador, un chamán." Escucho a alguien decir.

En el centro del temazcal hay un agujero de medio metro de ancho y unos treinta centímetros de profundidad donde se colocarán las piedras de lava calientes. A las mujeres sólo se les permite llevar vestidos largos, los hombres llevan solo pantalones cortos. Decido que hoy me sentarse más cerca de las rocas, justo al lado del centro donde el calor es intenso. He pasado por una semana difícil, me siento cansado y desesperado con mi situación. Siento la necesidad de este fuego. Siento que estoy perdiendo a mis hijos y mi dignidad, no sólo mi matrimonio. Estoy realmente avergonzado y cansado, no he estado durmiendo bien. Me he convertido en un hombre divorciado, un "fracasado."

La puerta para entrar en el temascal está viendo al este donde el sol se levanta. El anciano va primero, y luego, uno por uno, lo seguimos. Entramos gateando en nuestras manos y rodillas, solo así podemos caber dentro de la pequeña puerta. Usando una pala el guardián del fuego cuidadosamente trae una roca de lava caliente y la coloca cerca de la entrada de la logia. Fred, ahora sentado dentro y al lado de la puerta, nos saluda, pidiéndonos que pongamos un poco de cedro en esa roca, cuando el humo sube nos pide que usemos ese humo para bendecir nuestros corazones cuando entramos. El cedro tiene un olor que me reconecta con mi viejo ranchito en México, Apulco. Dentro del temascal todo es pura tierra. Unos quince de nosotros estamos ya sentados, el anciano le pide al guarda-fuego que traiga doce rocas. Cuando las traen, el anciano pone copal y cedro en cada roca, luego las coloca en el centro. Un balde lleno de agua es traído, lentamente para verterla en las rocas para crear el vapor. La puerta está cerrada.

La primera canción es una que da la bienvenida a todos. He aprendido el cántico y lo canto en voz alta, sintiéndome feliz de estar aquí dentro del útero. La primera ronda se siente muy intensa con las oraciones dedicadas a los niños.

Más rocas se traen para la segunda ronda. El calor en el centro se intensifica y siento como golpea mi pecho. Trato de orar y cantar con el resto. Después de cuatro canciones es el final de la segunda ronda y la puerta se abre, siento que quiero vomitar y casi me desmayo. Quiero salir de la ceremonia y le pido permiso a Fred antes de que comience la tercera ronda, para este momento llevamos más de 30 minutos en la ceremonia. Fred no me da permiso de irme. Él en cambio le pide al guardián del fuego que traiga agua para todos.

Fred hace una ceremonia al pasar el agua, pidiéndonos que le demos algo de agua a la madre tierra antes de que nosotros la bebamos. Bebemos del agua que Fred vierte sobre las rocas calientes para hacer vapor. El agua contiene hojas de salvia y cedro. Este es un evento raro y me hace sentir especial. El anciano me pide que me quede y me dice que puedo retirarme durante la siguiente ronda si quiero. Me pongo un poco de agua encima de mi cabeza y me siento mejor.

El guardián del fuego trae más rocas y comenzamos la tercera ronda. Las nuevas rocas hacen que el temazcal esté intensamente caliente. Nosotros empezamos cantando y orando. Fred explica que el temazcal representa el vientre de la tierra y cada vez que termina una ceremonia es como nacer de nuevo. Él también dice que las piedras de lava son como nuestros antepasados. Nos pide que prestemos atención a todas las plantas y recordemos que tienen propiedades medicinales y también a los animales, que tienen enseñanzas. Me siento enfermo como si estuviera en la feria en la montaña rusa por primera vez. Estoy caliente, pero también estoy temblando de frío. Quiero rendirme, levantarme y huir, salir en medio de este intenso evento. Una tormenta golpea mi mente y comienzo a cuestionarme. ¿Qué es lo que he hecho? ¿Abandonar mi matrimonio, renunciar cuando las cosas iban mal? ¿Abandonar a mis hijos? ¿Abandonar la manera en la que fui criado por mi madre, mi padre, mis abuelos? ¡Qué desastre he hecho! Abro los ojos y veo sólo pequeños puntos de color rojo en las rocas, como estrellas muy lejanas, como un pequeño universo justo enfrente de mí. Puedo sentir el vapor que se levanta cada vez que Fred lanza agua a las rocas y una parte del agua lanzada también me alcanza.

Extraño a mi familia en México. El aroma de la salvia, el copal y el cedro ahora llenan el albergue. Pienso en el dulce aroma del fuego en la estufa de la cocina rústica de mi mama Yaya. Agacho mi cabeza entre las rodillas y trato de estar más cerca del suelo, ya que siempre permanece más fresco. Realmente no puedo distinguir qué canción estamos cantando ya que la mayoría de ellas están en náhuatl. La canción es suave pero potente al mismo tiempo. Es una canción de guerreros, los guerreros necesitan saber cuándo ser feroces, cuando pelear, cuando tener cuidado, ser humildes. Me siento triste y desesperado, me dan ganas de llorar, estoy físicamente dañado. Estoy demasiado caliente y me estoy tostado. Recuerdo estar dentro de la camioneta blanca llegando a los Estados Unidos y el calor que hacía dentro de la casa de los contrabandistas en mi primera noche en el *otro lado,* todas mis esperanzas al llegar a esta tierra.

Al acercar mi cabeza al suelo puedo oler la tierra húmeda. Esto me recuerda el olor de la tierra oscura y fresca en Apulco que entra en erupción desde el suelo mientras sigo a los animales arando bellas líneas en el suelo, dejando caer tres pequeñas semillas de maíz de mi pequeña mano.

Respiro profundamente y empiezo a notar una voz entre todas las otras voces. Algunas personas están cantando, algunos rezan en voz alta, algunos están hablando, algunos están gritando como coyotes. Los tambores y los agitadores se mezclan con los latidos de mi corazón. Esta voz me suena conocida y suena como la voz de un hombre muy viejo. De repente la voz está al lado de mi oído. Reconozco la voz - es la de mi abuelo, mi Papá Chuy. Él siempre ha sido mi ángel de la guarda. Él canta con el resto de las personas, cerca de mi oído y me asegura que él está aquí conmigo con su canto.

Siento claramente el tibio de su aliento cerca de mi oído. La canción es hermosa y lo suficientemente fuerte como para soltarme finalmente. Comienzo a llorar como un niño. Lloro y empiezo a cantar con mi Papá Chuy. Sentado justo al lado del centro de la logia, las piedras calientes, ahora estoy radiante. Me he convertido en uno con él. Sentado allí, casi desnudo, el sudor y la tierra mezclado con lágrimas corren por mi cara. Una carga pesada sale de mi pecho cuando empiezo a llorar tratando de recuperar el aliento. Mi pecho se eleva, una sonrisa regresa a mi rostro, quiero correr y abrazar a mis hijos, decirles cuanto los amo..

Mis ojos todavía están empapados cuando la tercera ronda ha terminado, los ponchos que cubren la puerta son alzados, aterrizando en la parte superior de la casa de campo. Fred me mira directamente. Él me ve sentado derecho y sonríe. Él no dice una palabra. Me quedo para la cuarta ronda con mi energía renovada.

Terminando la ceremonia, me siento renovado y tranquilo. Hay fruta y otros alimentos que todos llevamos para compartir después de la ceremonia, cerca del temascal. Nosotros ofrecemos algunos de nuestros alimentos al fuego, lanzando pedacitos de nuestra comida al fuego antes de comer. Agradecemos también a nuestro guardián del fuego por el buen fuego y las rocas calientes.

Entra en mi mente que, independientemente de los cambios y los momentos que estoy pasando, siento que estaré bien. Que cada momento de estar vivo es como ser bendecido con una oportunidad para hacer lo mejor y aprender de nuestros errores. Siento como si hoy hubiera nacido de nuevo. Me siento bendecido.

Todos nos damos las gracias por la energía puesta en la ceremonia y caminamos al rededor para darle las gracias al anciano por su medicina. Fred abraza a cada persona. "De nada," él lo dice muy humildemente. Mientras le doy las gracias a Fred, él toma mi mano. "Eres mucho más fuerte de lo que crees, no se te olvide," me dice, sólo entonces suelta mi mano. Mientras camino para ver a uno de mis clientes en una instalación cerrada, donde se colocan a los enfermos mentales más graves, pienso en las personas en el interior gritando, confundidas y sufriendo. Hasta ahora, cada vez que voy ahí me da un fuerte dolor de cabeza. Hoy, mientras camino a la puerta lentamente, pienso en cómo puedo hacer mi visita más corta, paso por un arbusto alto lleno de diminutas flores blancas que se bañan en el sol y que me regalan una linda esencia. Me detengo, doy unos pasos hacia atrás y tomo un par de respiraciones profundas que me hacen sentir mejor en ese momento. Le doy gracias a la planta por su medicina y continúo en mi camino al trabajo. He aprendido a perdonarme. Veo los errores y los momentos difíciles como las enseñanzas que necesitamos en ese momento de la vida.

Mis padres me enseñaron acerca de la iglesia y la religión, pero estas nuevas ceremonias definitivamente se sienten diferentes. Siento que volvemos a revivir en la ceremonia cada vez - física, emocional, mental y espiritualmente. Nosotros celebramos a Dios el creador, pero también reconocemos la importancia del espíritu femenino honrando la tierra, el sol y su fuego que crea la vida. El equilibrio entre el agua y el fuego, ambos dándonos vida mientras nos abrazan. Presto atención a "todas mis relaciones" que cada día esa frase tiene un significado más profundo a medida que aprendo más de las costumbres indígenas.

Consigo aplicaciones para apartamentos en diferentes lugares que creo que me puedo permitir ahora, mientras me han dado los papeles de manutención infantil y pensión alimenticia. Soy capaz de alquilar un pequeño apartamento de una habitación en Aptos, California, que se encuentra entre Santa Cruz y Watsonville. El lugar es perfecto para una persona y cuando mis dos hijos vienen duermen en la habitación y yo en el suelo de la sala con una cobija sobre la alfombra. La sala tiene una ventana orientada al este. Cada mañana, al levantarme, el sol golpea esta ventana y los primeros rayos del sol son los mejores. Me siento en mi cama improvisada y permito que el sol me dé en la espalda. Mi espalda me ha empezado a doler después de trabajar durante ocho años en clínicas de convalecencia y, a veces el dolor es insoportable. El sol sin embargo se siente cálido y acogedor en la espalda. Pienso en cómo, si alguna vez tengo una casa, me gustaría tener una ventana mirando al sol como esta.

Por primera vez, vivo solo en mi propio apartamento. Ahora tengo un trabajo que me permite pagar este lugar, además de apoyar a mi ex-esposa y a mis hijos. Por primera vez, soy capaz de ahorrar dinero incluso a pesar todo lo que sucede. Vivo una vida sencilla y no necesito muebles costosos para mi apartamento, me gusta mantenerlo limpio. Tengo un escritorio usado para computadora y dos sofás limpios y agradables que compre en una venta de garaje. Empiezo

165

a tocar música de nuevo. Mis viejos amigos músicos empiezan a pedirme que les ayude con diversos instrumentos, incluyendo la percusión. Voy y me divierto siempre que puedo. Llevo a mis hijos al cine o a los parques cuando están conmigo. Cocino para ellos y estamos aprendiendo a vivir esta vida con dos hogares. Es difícil para todos nosotros. La primera Navidad, los primeros cumpleaños, son los momentos más duros, ya que no sé qué hacer, qué decir. No poder decir buenas noches a mis hijos cuando están en casa de su madre está siendo muy duro. Confío en mi fe en Dios para decir "todos estamos en sus manos." En ocasiones me voy al cine solo. Comienzo de nuevo la escuela tratando de completar mi educación universitaria - ya que durante mi divorcio ir a la escuela se convirtió en una tarea extremadamente difícil.

Finalmente terminó de pagar mi camioneta Nissan y comienzo a ahorrar en los bonos de ahorro en el trabajo, pensando en la educación del colegio de mis hijos, a pesar de que sólo están en la escuela primaria. Mi nuevo apartamento se encuentra en la parte superior de un restaurante chino llamado "Lucky Dragon" y con vistas a la autopista Highway 1.

En el otro lado de la vivienda veo hermosos pinos y grandes secuoyas que siguen un pequeño arroyo, los árboles son altos y de un color verde oscuro.

Me pregunto si por fin he llegado al Otro Lado. Sentado aquí solo en los días mis hijos están con su madre, me pregunto si esto es parte del sueño americano. Reflexiono como poco a poco abandoné los valores que estaban arraigados en mí por mi familia y ahora, como muchos estadounidenses estoy divorciado y vivo separado de mis hijos. Pienso en mis padres y cómo, a pesar de los tiempos difíciles y muchos problemas que sufrieron, todavía están juntos en México, siendo marido y mujer.

¿Me di por vencido muy fácilmente? No quiero que esto vuelva a suceder. Los divorcios son como una tormenta que crees que nunca terminara. ¿Me perdonarán mis hijos? ¿Alguna vez podré conocer a alguien de nuevo que pudiera estar interesada en mí? Ahora con una etiqueta de divorciado y con dos hijos.

Todavía sueño con algún día ser dueño de una casa en California y ser capaz de cortar el césped en mi propio patio, tener una casa y hacer un columpio para mis hijos, diciéndole ¡Buenos días! a mis vecinos mientras voy a recoger mi periódico de la mañana y sentarme junto a la chimenea. Aunque ahora estando de este lado de la frontera, la realidad me golpea con claridad y veo lo difícil que es todo esto.

Yo me siento aquí solo. El sol entra por la ventana, acariciando mi espalda. Tocando mi guitarra, escribo la letra de una nueva canción, y suavemente tarareo:

"El sol vuelve a brillar,
El sol vuelve a brillar,
El sol vuelve a brillar en mí."

Se siente como el sol comienza a brillar de nuevo, dentro de mí.

Tengo ganas de escribir canciones, tocar música, sentirme agradecido todos los días. Siento que estoy empezando a ser yo mismo. Me siento libre.